개정판

창조적
사고와
표현

개정판 **창조적 사고와 표현**

펴낸날 1판 1쇄 2014년 9월 5일
1판 7쇄 2020년 9월 15일
개정판 1쇄 2025년 2월 25일
2쇄 2025년 7월 30일

지은이 이소연 · 남원진 · 정영진 · 김혜미
펴낸이 원종필
편집 임경희

펴낸곳 **쿠북**(건국대학교출판부의 패밀리브랜드입니다.)
등록 / 제 4-3 호(1971. 6. 21)
주소 / 05029, 서울특별시 광진구 능동로 120
전화 / 출판문화사업팀_(02) 450-3891~3
팩스 / (02)457-7202
홈페이지 / http://press.konkuk.ac.kr
e-mail / press@konkuk.ac.kr

찍은곳 네오프린텍(주)

정가 15,000원

ISBN 978-89-7107-784-9 03710

개정판

창조적 사고와 표현

Creative Thinking and Expression

이소연
남원진
정영진
김혜미
/
공저

쿠북

머리말을 대신하여

왜 창조적 사고인가?

창조적 사고는 언제 필요할까?

왜 창조적 사고를 해야 하는 걸까?

창조적 사고와 표현이 삶 · 일에 끼치는 영향은 무엇일까?

그리고 이를 위해서는 어떤 노력이 필요할까?

누구나 이런 질문들을 떠올려 본 적이 있을 것이다. 창조적 사고를 하자고 작정하는 순간 들숨과 날숨을 의식해서 숨이 잘 쉬어지지 않듯, 창조적 사고도 갑자기 어렵게 느껴지는 경우가 많다. 수영에서 숨을 자연스럽게 쉴 때 앞으로 나아갈 수 있듯이 창조적 사고는 일상의 순간에서 자유롭게 떠오르는 생각을 표현하여 소통하고 실행하는 과정에서 가능하다.

그렇다면 창조적 사고는 왜 필요하고, 꼭 해야만 하는 걸까?

창조적 사고는 이성적 · 논리적 사고를 통해 문제를 해결해야 하는 경우라도 뻔한 관점과 익숙한 정의를 통해 상대방을 설득하기에는 역부족인 경우 실마리를 제공한다. 나아가 세상과 마주할 수 있는 용기가 필요할 때마다 나와 직면한 문제를 해결할 수 있게 해준다.

창조적 사고는 사물과 사건을 다양한 관점에서 문제를 바라보고 새로운 아이디어와 방법으로 이를 해결하기 위한 모든 과정의 총합이다. 그러기 위해서는 다양한 정보와 지식을 이해하고 분석 및 추론의 과정을 위한 협업과 피드백이 적극적으로 필요하다. 이 과정에서 우리는 기존의 문제를 재정의하고, 서로 다른 것을 연결하며 창의적인 생각들을 이끌어 내게 되는 데, 이때 자연스럽게 창조적 · 창의적 사고를 경험할 수 있다.

손흥민의 승부 근성(winning spirit)은 어려운 순간에도 포기하지 않고 문제를 재정의하고 새로운 관점에서 다시 시작하고 연습하는 과정을 반복하며 갖게 된 능력이다. 다른 사람의 말에 휘둘리지 않고 자신의 생각과 의견을 동료와 소통하며 피드백을 주고받는 것을 마다하지 않기에 가능한 일이었다. 창조적 사고는 혼자서도 가능하지만 다른 사람과 함께 생각을 나누며 소통하는 과정에서 다듬어진다. 다시 말해 창조적 사고가 현실로 구현되기 위해 피드백을 주고받는 과정은 필수이며, 이를 반영하여 다른 생각을 연결하고 표현하는 과정에서 창조적 사고는 유의미하다.

따라서 대학이라는 학습공동체에서 우리는 개인과 사회, 그리고 다양한 공동체에서 창의적인 관점과 콘셉트를 활용하여 전공적 지식을 활용 · 응용하여 자신에게 당면한 문제를 풀어보는 연습을 해야 한다.

프랑스의 '바칼로레아' 시험문제를 보면 창의적인 문제들이 가득하다. 1808년 나폴레옹 시대에 만들어진 이 문제들이 AI와 공존하는 현재와 미래 시대에 인간의 고민을 고스란히 담고 있으며 현재에도 이를 풀어가기 위한 창의적인 답안들이 사람의 숫자만큼 다양하게 만들어지고 있다.

이런 와중에 『창조적 사고와 표현』이 출판된 지 2024년 8월을 기점으로 10년이 됐다. CHAT GPT가 상용화되고 대학의 정체성 또한 다양하게 정의되는 시대에 교재의 개편 방향을 다음과 같이 잡았다.

첫째, 교재라는 프레임에서 벗어나 창조적 사고를 위한 핵심역량을 배양할 수 있는 문제들을 선정하여 개인 혹은 팀워크를 통해 이를 경험할 수 있도록 집필하였다.

둘째, 다양한 전공과 비전을 가진 학생들에게 '창조적 사고와 표현'을 할 수 있도록 이론과 설명을 과감히 걷어내고 교수와 학습자, 학습자와 학습자 간 피드백을 통해 융합적 관점을 수용하고 결과를 도출할 수 있도록 워크북 형식으로 구성하였다.

셋째, 어떤 전공을 공부하더라도 '창조적 사고와 표현'이 전공 역량의 밑거름은 물론이며 연구와 취업 · 창업 이후에도 반드시 필요함을 현실적으로 인지할 수 있도록 집필하였다.

개정 편이 바칼로레아형 문제를 연습하는 것처럼 충분

히 창조적이고 논리적이며 신나는 과정이고, 창조적인 사고가 현실과 먼 창작의 산물이 아닌 개인 · 사회 · 전 지구적 문제를 향한 현실적인 사고임을 경험할 수 있기를 바란다.

2025년 1월

저자 일동

차례

1장

창조적 사고와 삶

1장

창조적 사고와 삶

1.1. 나도 할 수 있다. 창조적 사고!

창조적 사고는 무엇인가? 다음의 '토끼와 거북이의 경주'를 통해서 창조적 사고에 대해서 생각해보자.

누가 더 빠르냐 하는 것을 두고 거북이와 토끼가 논쟁을 시작했습니다. 헤어지기 전에 그들은 문제를 해결하기 위해 시간과 장소를 약속해 놓았습니다. 토끼는 타고난 제 민첩함에 자신만만하여 경주에 대한 걱정은 않고 길가에 누워서 잠이 들었습니다. 더딘 제 동작을 절실하게 의식하고 있던 거북이는 멈추지 않고 계속 타박타박 걸어서 잠자는 토끼를 지나 마침내 ___________.

– 이솝, 「더디나 착실하게」, 유종호(역), 『이솝우화집』, 민음사, 2013, 84쪽.

위의 『이솝 우화집』의 내용과 다르게, 실제로는 거북이가 토끼를 이길 수 있는 방법은 무수하다. 인간의 시선에 갇힌 채 거북이가 절대로 토끼를 이길 수 없을 듯도 하지만, 오래달리기, 내리막길에서 구르기, 바다에서 경주하기, ○○○○○○ 등의 여러 가지 방법이 있다. 이런 토끼와 거북이의 경주에서 알 수 있듯, 우리는 일상에서 관점 바꾸기, 새 규칙 만들기, 발상의 전환 등의 다양한 방식을 통해서 손쉽게 창조적 사고를 할 수 있다.

미켈란젤로 〈시스티나성당 천장벽화〉

창의와 창조

(1) 창의(創意) : 새로운 의견을 생각하여 냄. 또는 그 의견.

(2) 창조(創造) :

① 전에 없던 것을 처음으로 만듦.

② 신(神)이 우주 만물을 처음으로 만듦.

③ 새로운 성과나 업적, 가치 따위를 이룩함.

– 국립국어원 『표준국어대사전』

미켈란젤로(M. Buonarroti)의 걸작 〈시스티나성당 천장벽화(Frescoes in the Sistine Chapel)〉를 보며 창의와 창조에 대해서 생각해보자.

창의(創意)는 새로운 생각을 실현하겠다는 의지를 강조

한 것인 반면, 창조(創造)는 새로운 생각을 구현하거나 만들어내는 작업을 강조한 표현이다.

창의성(創意性)은 새로운 것을 생각해 내는 특성이며, 창조성(創造性)은 창조하는 성질이나 창조적인 특성을 이르는 것이다. 창조적 사고는 무엇인가? 창조적 사고는 새로운 어떤 것을 상상하거나 새로운 무엇인가를 만들어내는 능력과 연관된다. 이와 함께 생각의 유형을 변형하거나, 기존의 사고를 연결하거나 결합시키는 것, 한 영역의 사고를 다른 영역에 적용하는 것도 창조적 사고이다.

Note

지향적 아이디어와 교차적 아이디어

가게 (1) 폭탄 세일! 왕창 세일!

가게 (2) 핵폭탄 세일! 와장창 세일!

가게 (3) 입구

스마트폰 할인매장에 (1)~(3)과 같은 광고가 붙어 있다고 가정해 보자. 가게 (1) → 가게 (2) (폭탄 → 핵폭탄)의 방식은 단일한 초점의 지향적 아이디어라면, 가게 (1) → 가게 (3) (폭탄 → 입구)의 방식은 다중심적 사고의 교차적 아이디어이다. 지향적 아이디어(指向的 構想)는 특정한 분야의 개념을 결합시키거나 특정한 방향으로 발전하는 사고라면, 교차적 아이디어(交叉的 構想)는 다양한 분야들이 한곳에서 만나는 교차점에서 수많은 개념들을 결합시키면서 새로운 방향으로 비약하는 사고에 해당한다.

Note

비판적 사고와 창조적 사고

(1) "저는 장님입니다. 도와주세요."

(2) "저는 장님이고 귀머거리입니다. 제발 한번만 도와주세요."

(3) "아름다운 날입니다. 그러나 저는 그걸 볼 수 없습니다."

위 장애인의 동냥과 관련하여 비판적 사고와 창조적 사고에 대해서 구분해 보자. (1) → (2)로 향하는 비판적 사고는 분석적 · 수렴적 · 수직적 특성을 띤 것이라면 (1) → (3)으로 나아가는 창조적 사고는 생성적 · 발산적 · 수평적 특성이 강하다. 창조적 사고가 다중심적 성

격이 강하여 있을 수 있는 답을 찾아간다면, 비판적 사고는 단일중심적 성격을 띠어서 특정한 답을 찾는 방식이다. 그런데 일상의 문제 해결 과정에서는 창조적 사고와 비판적 사고가 병행하거나 결합될 때 보다 좋은 해결 방안을 찾을 때가 허다하다.

Note

자아 실현과 창조적인 삶

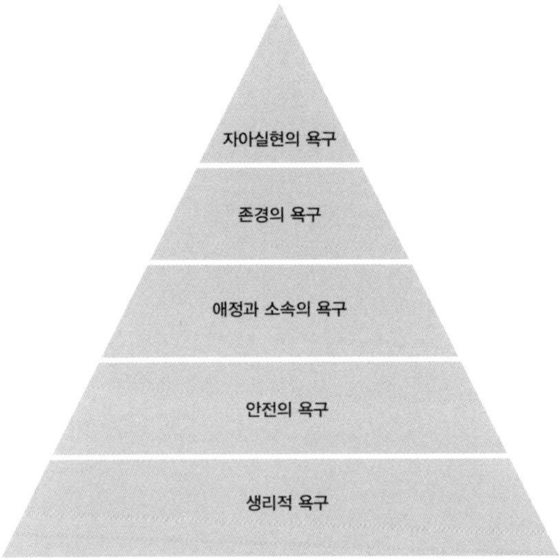

매슬로우의 욕구 피라미드

제1단계 생리적 욕구(physiological needs)

제2단계 안전의 욕구(safety needs)

제3단계 애정과 소속의 욕구(need for love and belonging)

제4단계 존경의 욕구(need for esteem / respect)

제5단계 자아 실현의 욕구(self-actualization needs)

창조적인 삶과 자아 실현의 관계에 대해서 생각해보자. 철학자이자 심리학자인 매슬로우(A. Maslow)는 인간의 욕구 5단계 이론(Maslow's hierarchy of needs)을 주장한 바 있다. 제1단계는 생리적 욕구, 제2단계는 안전의 욕구, 제3단계는 애정과 소속의 욕구, 제4단계는 존경의 욕구, 제5단계는 자아 실현의 욕구 등이다. 즉, 기본 단계는 생리적 욕구이며, 가장 마지막 단계는 자아 실현의 욕구이다. 창조적 삶은 궁극적으로 자아를 성찰하여 세상과 소통하며 자기실현을 통한 행복한 삶에 도달하는 것이라도 할 수 있다.

Note

1.2. 창조적 사고, 그 다양한 방법에 대하여

우리 일상 생활에서 '있을 법도 한데 없는 것들'에 대해서 개인 또는 조별로 이야기해 보자.

(1) 임기 동안 공약을 100% 지키는 정치가

(2) ______________________________

(3) ______________________________

위의 예시처럼, 일상 생활에서 있을 법도 한데 없는 것들은 두 발을 교차해서 걷는 새, 또는 ○○대 학생들에게도 있을 법한, 창조적 생각이 떠오를 듯도 한데 없는 것, 정○○처럼 멋진 교수가 있을 것도 같은데 없는 우리 대학교, 과제가 없을 법도 한데 있는 대학수업, A+이 있을 것도 같은데 없는 내 초라한 성적표 등을 생각할 수도 있다. 언뜻 무의미한 듯이 보이는 이런 활동도, 즉 열심히 떠들거나 딴 짓하며 놀기도 상황과 대상을 새롭게 보기 위한 효과적인 방법의 하나이다. 상황과 대상을 새롭게 보는 방법에는 (1) 뇌를 지루하게 하기, (2) 딴 짓을 열심히 하기, (3) 정신 없이 놀기 등이다. 이런 방법을 통해서도 두뇌 활동의 공백을 통해 새로운 생각을 만드는 것인 창조적 비약으로 나아갈 수 있다.

패러다임 또는 은유

위의 그림은 오리일까? 토끼일까? 이에 대한 질문에서 착안하여, 토마스 쿤(Thomas Kuhn)이 만든 패러다임(paradigm, 體系, 틀, 構造)은 (1) 한 시대의 사람들의 견해나 사고를 근본적으로 규정하는 인식 체계, (2) 다양한 사물에 대한 이론적인 틀이나 구조 등을 의미한다. 은유(metaphor, 隱喩)는 상식적 범주 너머의 사물을 바라볼 수 있게 하여 인간 인식의 지평을 넓히는 방식으로, 이질적인 두 범주에서 공통점을 발견하여 새로운 의미를 창출해내는 방법이다. 사물을 새롭게 또는 낯설게 보게 하는 대표적 방법이 바로 패러다임의 전환이나 은유를 적절히 활용하는 것이다. 즉, 우리 시대의 인식의 체계를 전환시키거나 은유의 방법을 적절히 활용하여 우리에게 낯익은 사물을 낯설게 또는 새롭게 파악함으로써 인간 인식의 지평을 확장할 수도 있다.

Note

네트워크식 사고 또는 메디치 효과

파블로 피카소 〈아비뇽의 처녀들〉

스페인 탄생의 천재 화가로 불린 피카소(P. Picasso)의 〈아비뇽의 처녀들(Les Demoiselles d'Avignon)〉은 20세기 회화의 기념비적 가치를 지닌 최초의 입체주의 작품으로 평가받는다. 그런데 이 유화는 아프리카 조각상, 마티스(H. Matisse)의 색채, 세잔(P. Cézanne)의 사고를 적용하여 만들어진 걸작이다. 이러하듯 네트워크식 사고(network式思考)는 한 영역에서 다른 영역에 적용하거나 결합시키는 생각의 방식이다. 이와 관련된 요한슨(F. Johansson)의 메디치 효과(Medici Effect)는 다양한 분야, 영역, 문화 등이 하나로 만나는 교차지점에서 기존의 생각을 새롭게 재결합하여 혁신적인 생각이 폭발적으로 증가하는 현상을 이르는 것이다.

Note

다빈치 기법 또는 시넥틱스

레오나르도 다 빈치
〈모나리자〉

이탈리아의 위대한 천재, 다빈치(Leonardo da Vinci)의 〈모나리자(Mona Lisa)〉는 르네상스 시대 조콘도(Giocondo)의 아내를 그린 초상화로 알려져 있고, '조콘도의 부인', '명랑한 여자', '웃고 있는 여자' 등의 의미라고 한다. 그런데 이 초상화의 신비한 미소는 어떻게 만들어진 것일까? 다 빈치는 〈모나리자〉를 얼굴 각 부위별 다양한 자료를 모으고 조합하여 형언하기 어려운 신비한 미소를 만들어낸 것이다. 이런 〈모나리자〉의 제작 방법에서 볼 수 있듯이, 유영만이 지적하는 다빈치 기법이란 기존의 정보를 다양한 방식으로 조합하면서 정보 간의 관계를 새롭게 발견하고, 그 관계에 새 의미를 부여하는 과정을 이르는 것이다. 또한 시넥틱스(synectics)는 익숙한 것을 낯선 것으로 변형하여 생각하는 동질이화(同質異化)의 과정을 말한다. 이와 같이 익숙한 것의 맥락을 변화시키거나 관계 방식을 전환시키는 것으로도 창조적 경험을 제공한다.

Note

학습활동 1

다음 질문 (1) '달걀을 세우는 방법', (2) '바위를 이기는 방법'에 대해 논의한 후 발표해 보자.

어떤 기업 광고에서 '콜럼버스의 달걀'을 소재로 삼아 상식을 뛰어넘는 발상의 전환을 강조하는 것을 보았다. 콜럼버스의 아메리카 대륙 상륙이 뭐 별거냐고 시비가 붙자 즉석에서 달걀 세우기 논쟁이 벌어졌다. 콜럼버스가 달걀을 집어 들고 퍽 하니 그 밑동을 깨고 세웠다는, 소문으로 전해지는 유명한 이야기다. 이 이야기에는 일이라는 것이 해놓고 보면 별것 아닌 듯싶지만 언제나 '최초의 발상 전환'이 어렵다는, 매우 자존심 강한 메시지가 담겨 있다.

– 김민웅, 『콜럼버스의 달걀에 대한 문명사적 반론』, 당대, 1996, 87쪽.

(1) 개인 또는 조별로 '달걀을 세우는 방법'에 대해서 논의해보자.

(2) 개인 또는 조별로 '바위를 이기는 방법'에 대해서 논의해 보자.

학습활동 2

영국의 진화생물학자이자 동물행동학자인 리처드 도킨스(Richard Dawkins)의 유명한 저서 『이기적 유전자(*The Selfish Gene*)』를 읽고, '진(gene)'과 '밈(meme)'을 관련시켜 지향적 아이디어와 교차적 아이디어에 대해서 생각해보고, 이를 바탕으로 패러다임(paradigm)의 전환에 대해서 논의해 보자.

인간의 특이성은 대개 '문화'라고 하는 한 단어로 요약된다. 잘났다고 자랑하고 싶어서가 아니라 과학자의 입장에서 이 단어를 쓴다. 문화적 전달은 유전적 전달과 유사하다. (중략) 새로이 등장한 자기 복제자에게도 이름이 필요한데, 그 이름으로는 문화 전달의 단위 또는 모방의 단위라는 개념을 담고 있는 명사가 적당할 것이다. 이에 알맞은 그리스어 어근으로부터 '미멤(mimeme)'이라는 말을 만들 수 있는데, 내가 원하는 것은 '진'이라는 단어와 발음이 유사한 단음절의 단위다. 그러기 위해서 위의 단어를 밈으로 줄이고자 하는데, 이를 고전학자들이 이해해 주기를 바란다. (중략) 밈의 예에는 곡조, 사상, 표어, 의복의 유행, 단지 만드는 법, 아치

건조법 등이 있다. 유전자가 유전자 풀 내에서 퍼져 나갈 때 정자나 난자를 운반자로 하여 이 몸에서 저 몸으로 뛰어다니는 것과 같이, 밈도 밈 풀 내에서 퍼져 나갈 때에는 넓은 의미로 모방이라 할 수 있는 과정을 거쳐 뇌에서 뇌로 건너다닌다. 어떤 과학자가 반짝이는 아이디어에 대해 듣거나 읽거나 하면 그는 이를 동료나 학생에게 전달할 것이다. 그는 논문이나 강연에서도 그것을 언급할 것이다. 이 아이디어가 인기를 얻게 되면 이 뇌에서 저 뇌로 퍼져 가면서 그 수가 늘어난다고 말할 수 있다.

– 리처드 도킨스(R. Dawkins), 홍영남·이상임(역), 『이기적 유전자』, 을유문화사, 2010, 318~323쪽.

Note

학습활동 3

서정주의 시 「동천(冬天)」과 연관하여 '은유'를 설명해 보고, (1) 고향에 대한 은유(고향에 대한 향수 등), (2) 한국 사회에 대한 은유(한국 사회에 대한 비판 등)를 만들어 본 후, 개인이나 조별로 발표해 보자.

내 마음 속 우리 님의 고은 눈썹을
즈믄 밤의 꿈으로 맑게 씻어서
하늘에다 옮기어 심어 놨더니
동지섣달 날으는 매서운 새가
그걸 알고 시늉하며 비끼어 가네.

– 서정주, 『동천』, 민중서관, 1968, 3쪽.

(1) 개인 또는 조별로 고향에 대한 은유(고향에 대한 향수)를 만들어 논의해 보자.

(2) 개인 또는 조별로 한국 사회에 대한 은유(한국 사회에 대한 비판)를 만들어 논의해 보자.

학습활동 4

생물학자이자 심리학자인 존 메디나(John Medina)의 저서 『브레인 룰스(*Brain Rules*)』에서 밝힌 12가지 두뇌법칙의 (1)과 (2)를 찾아서, 이 법칙과 연관시켜서 대학생의 필수적 학습활동이라 할 수 있는 '조별과제(group project)'에 대해서 논의해 보자.

(1) ______________________________

(2) ______________________________

(3) 사람의 두뇌회로는 모두 서로 다르다.

(4) 따분한 것들은 관심을 끌지 못한다.

(5) 기억은 남기려면 반복해야 한다.

(6) 기억은 다시 반복을 낳는다.

(7) 잠은 생각과 학습의 필수 전제조건이다.

(8) 뇌는 스트레스를 받으면 일탈한다.

(9) 자극이 다양할수록 생각이 뚜렷해진다.

(10) 시각은 다른 어느 감각보다 우선한다.

(11) 남자와 여자는 다르게 생각하고 느낀다.

(12) 우리는 평생 타고난 탐구자로 살아간다.

학습활동 5

다음 레오나르도 다 빈치(L. da Vinci)의 〈모나리자(Mona Lisa)〉와 마르셀 뒤샹(M. Duchamp)의 〈L.H.O.O.Q〉에 대한 예문을 읽고, 이에 관한 질문에 답하고 논의해 보자.

〈모나리자〉는 미술이 아니었다

〈L.H.O.O.Q.〉는 미술이다

[예문] '미술'은 근대(modern era) — 지난 200년간 — 의 발명품이다. 근대 이전의 사람들이 생산한 뛰어난 건물들과 물품들은 우리의 문화에 의해 '차용'되어 미술로 변형된 것이다. 우리가 아는 미술은 상대적으로 최근에 나타난 현상으로, 미술관에 전시되고, 박물관에 보존되며, 수집가들이 구매하고, 대중매체 내에서 복제

되는 그 무엇을 말한다. 미술가가 미술작품을 창조한다 하더라도 그 자체로서는 아무런 소용이나 가치가 없다. 그러나 이 미술작품들은 미술의 여러 제도(화랑이나 미술사, 미술출판, 박물관 등) 내로 순환하면서 비로소 현대세계의 다른 어느 것보다도 상대적으로 깊은 의미와 중요성을 획득하고 그 가치가 증폭된다. 세상에 존재하는 모든 것은 결국 다양한 제도들에 의해 형성되고 정의된다. 제도는 사물의 경계와 관행을 설정해 준다. 이는 액자틀이 그 안에 있는 것을 회화로 보이게 만들고, 좌대가 그 위에 있는 것을 조각으로 보이게 만드는 것과 같다.

– 매리 앤 스타니스제프스키(M. A. Staniszewski), 박이소(역),
『이것은 미술이 아니다』, 현실문화연구, 2006, 38쪽.

(1) [예문]의 내용을 참고하여, '〈모나리자〉는 미술이 아니었다'와 '〈L.H.O.O.Q〉는 미술이다'라는 것에 대해서 개인 또는 조별로 논의해 보자.

(2) [예문]의 '미술'에 대한 관점처럼, 문학, 연극, 음악, 영화, 건축 등의 다양한 갈래에서 이런 사례를 찾아보고, 개인 또는 조별로 논의해 보자.

(3) '어떤 작품에 대한 평가는 변화하는가 또는 불변하는가'에 대한 구체적인 사례를 조사해서 개인 또는 조별로 논의해 보자.

Note

학습활동 6

문화체험은 나를 성찰하고 세상과 소통하는 하나의 방식이다. 개인 또는 조별로 문화체험(문학관, 미술관, 박물관, 공연, 체험 등)을 한 후, (1) 문화체험 소개 및 길 안내, (2) 문화체험의 구체적인 내용(영상 등), (3) 인증사진과 체험 후기 등의 내용을 포함하여 개인이나 조별로 창조적이고 효과적인 방식을 활용하여 발표해 보자.

가난하지만 가장 올곧은 정신을 지녔던 신채호를 기리는 단재 기념관!
"푸른 하늘에 다을드시" 강직하고자 했던 이원록을 만나는 이육사 문학관!

이육사 문학관

단재 기념관

2장

자기탐색과 표현

2장

자기탐색과 표현

2.1. 레트로 대유행, 예전 것으로 새롭게 나를 이해하다

'나는 누구인가?'

혹시 이런 질문을 스스로에게 해 본 적이 있는지 모르겠다. 혹자는 때때로 자기 자신에 대해 생각해 본 적이 있다고 할 것이고, 혹자는 그런 것을 질문할 필요성이 있는지 반문할 것이다. 그러나 반문했던 사람이라고 하더라도 언젠가, 어느 순간에는 자신에 대해 생각해 본 적이 있는 사람일 것이다. SNS에 오늘 내가 무엇을 했는지 올릴 때,

내가 앞으로 무엇을 해야 할지 고민할 때, 그리고 취직을 위해 자기소개서를 작성할 때라도 말이다.

유명한 철학자 데카르트는 "나는 생각한다. 그러므로 나는 존재한다"라고 하였다. 그는 아무것도 확신할 수 없는 세상에서 절대적 진리는 '내가 있다는 그 사실'이라고 이야기한다. 그런데 내가 '있는' 것을 알고는 있다고 하더라도, 내가 나에 대해 얼마나 알고 있을까? 내가 있다는 사실 그 자체는 자명한 일일 수 있지만, 내가 어떤 사람인지는 자기 존재에 대하여 생각해 보아야 '발견'할 수 있다.

없던 것을 새롭게 만들어내는 것뿐 아니라, 원래 있었는데, 내가 알지 못했던 것을 '발견'하는 것 또한 창조적 사고이다. 그간 내가 인식하지 못했던 나를 이해하고 인지하게 되었을 때, 나를 새롭게 발견하는 즐거움을 경험해 보았는지 모르겠다. 세상의 지식을 알게 되어도 기쁠 수 있지만, 그 기쁨이 가장 클 때는 자기 자신에 대한 앎이 수행되었을 때이다. 자기 자신과 연결되는 새로움은 그 기쁨이 배가 될 것이라고 생각한다.

그런데 나는 내가 원하여 우리 부모님에게서, 한국에서,

그 시각에 태어난 것이 아니다. 자신의 원의로 이 세상에 태어난 것은 아니라는 말이다. 그렇다면 우리가 이 세상에 태어난 이유는 무엇일까? 그 의미에 대해 고민해 보기 위해서는 자기 자신에 대해 '새로운 시각으로' 고민해 보아야 한다. 그래야만 의미없이 이 땅에 던져진 내가 '실질적'으로 어떻게 살아가야 하는지, 자기 삶에 대한 의미를 탐색할 수 있다. 또, 현재 자기 존재에 대한 이해가 없다면 내가 앞으로 어떻게 살아가야 하는지 그 방향도 찾기 어렵기에, 자기 탐색은 내 인생의 중요 과업이다.

> 아득한 옛날, 적막한 들에 옥 같은 여자아이가 외로이 나타났다.
> 아이를 발견한 사람들이 물었다.
> "너는 어떠한 아냐? 어디서 왔느냐?"
> "나는 강림 들에서 솟아났습니다."
> "성은 무엇이고 이름은 무엇이냐?"
> "나는 성도 이름도 모르고 아무것도 모릅니다."
>
> –「원천강본풀이」 박봉춘본

「오늘이」라는 제목으로도 널리 알려진 한국의 신화 「원천강본풀이」의 첫 장면이다. 옥 같은 여자아이는 이름도 성도 모르고 '적막한 들'에서 솟아난 채 있었다. '나'라는 존재가 어떻게 이 세상에 온 것인가에 대한 대답을 문학적으로 해 보자면, 「원천강본풀이」의 첫 장면 같다고도 볼 수 있다. 이름도 성도 모른 채 갑자기 한 세상에 내던져 '오늘'을 살아가게 된 것이다. 그렇다면 우리는 이제 내던져진 자기 자신에게 이런 질문을 해 볼 수 있다.

"나는 누구인가?"

나에 대한 질문을 하고, 그에 대한 답을 글로 표현하는 일은 어려울 수 있다. 그렇다면 레트로의 방식은 어떠한가? 레트로는 '과거의 모양, 정치, 사상, 제도, 풍습 따위로 돌아가거나 그것을 본보기로 삼아 그대로 좇아 하려는 것을 통틀어 이르는 말'을 이른다. 예전 것을 따라 하는 것은 원래의 것을 있는 그대로 좇는 것이 아니다. 현대 우리의 시각으로 예전 것을 변화시켜 새롭게 반영하는 일이다.

인간이 생기고 공통적으로 궁금해하는 주제는 단연 '내'가 아닐 수 없다. '나'라는 소재는 예전부터 글쓰기의 소재였다. 그렇다면 선인들은 어떻게 '나'에 대해 고민하고 그 내용을 후대에 남기고자 했을까? 동서양을 막론하고 많은 현자들은 자기 자신에 대하여 이해하고 어떻게 살아야 할 것인지 끊임없이 고민해 왔다. 그들은 어떤 방식으로 자신에 대해 이해하고 표현했을까? 레트로 방식을 통해 그들의 고민을 함께 엿보아 보자.

Note

학습활동 1

다음 글은 정약용의 「수오재기(守吾齋記)」이다. 수오재(守吾齋)란 나를 지키는 집이라는 뜻인데, 나는 나와 딱 붙어 있어 나를 찾기 어렵다는 것을 강조하고 있는 글이다. 다음 글을 읽고, 나를 지키는 집이 무엇인지 아래의 질문들을 보며 표현해 보자.

수오재기

수오재(守吾齋)라는 것은 큰 형님이 그 집에 붙인 이름이다. 나는 처음에 의심하며 말하기를,

"사물이 나와 굳게 맺어져 있어 서로 떨어질 수 없는 것으로는 내[吾]보다 절실한 것이 없으니, 비록 지키지 않은들 어디로 갈 것인가. 이상한 이름이다."

하였다.

내가 장기(長鬐)로 귀양온 이후 홀로 지내면서 정밀하게 생각해 보았더니, 하루는 갑자기 이러한 의문점에 대해 해답을 얻을 수 있었다. 나는 벌떡 일어나 다음과 같이 스스로 말하였다.

"대체로 천하의 만물이란 모두 지킬 것이 없고, 오직 내[吾]만은 지켜야 하는 것이다. 내 밭을 지고 도망갈 자가 있는가. 밭은 지킬

것이 없다. 내 집을 지고 달아날 자가 있는가. 집은 지킬 것이 없다. 나의 정원의 꽃나무 · 과실나무 등 여러 나무들을 뽑아갈 자가 있는가. 그 뿌리는 땅에 깊이 박혔다. 나의 책을 훔쳐 없애버릴 자가 있는가. 성현(聖賢)의 경전(經傳)이 세상에 퍼져 물과 불처럼 흔한데 누가 능히 없앨 수 있겠는가. 나의 옷과 식량을 도둑질하여 나를 군색하게 하겠는가. 천하의 실이 모두 내가 입을 옷이며, 천하의 곡식은 모두 내가 먹을 양식이다. 도둑이 비록 훔쳐간다 하더라도 한 · 두 개에 불과할 것이니 천하의 모든 옷과 곡식을 없앨 수 있겠는가. 그런즉 천하의 만물은 모두 지킬 것이 없다. 유독 이른바 나[吾]라는 것은 그 성품이 달아나기를 잘하여 드나듦에 일정한 법칙이 없다. 아주 친밀하게 붙어 있어서 서로 배반하지 못할 것 같으나 잠시라도 살피지 않으면, 어느 곳이든 가지 않는 곳이 없다. 이익으로 유도하면 떠나가고, 위험과 재화가 겁을 주어도 떠나가며, 심금을 울리는 고운 음악 소리만 들어도 떠나가고, 새까만 눈썹에 흰 이빨을 한 미인의 요염한 모습만 보아도 떠나간다. 그런데, 한 번 가면 돌아올 줄을 몰라 붙잡아 만류할 수 없다. 그러므로 천하에서 가장 잃어버리기 쉬운 것이 나[吾] 같은 것이 없다. 어찌 실과 끈으로 매고 빗장과 자물쇠로 잠가서 굳게 지켜야 하지 않겠는가."

나는 잘못 간직했다가 나를 잃은 자이다. 어렸을 때, 과거(科擧)

가 좋게 보여서 과거에 빠져 들어간 것이 10년이었다. 마침내 처지가 바뀌어 조정에 나아가 검은 사모[烏帽]에 비단 도포를 입고 미친 듯이 대낮에 큰길을 뛰어다녔는데, 이와 같이 12년을 하였다. 또 처지가 바뀌어 한강을 건너고 조령을 넘어, 친척과 분묘(墳墓)를 버리고 곧바로 아득한 바닷가의 대나무 숲에 달려와서야 멈추게 되었다. 이때에는 나[吾]도 땀이 흐르고 두려워 숨도 제대로 쉬지 못하면서, 나의 발뒤꿈치를 따라 함께 이곳에 오게 되었다. 나는 나[吾]에게 말하기를,

"자네는 무엇 때문에 여기에 왔는가? 여우나 도깨비에게 홀려서 끌려온 것인가? 아니면 해신(海神)이 부른 것인가? 자네의 가정과 고향이 모두 초천(苕川)에 있는데, 어찌 그 본고장으로 돌아가지 않는가?"

했다. 끝끝내 나[吾]라는 것은 멍한 채로 움직이지 않으며 돌아갈 줄을 몰랐다. 그 얼굴빛을 보니 마치 얽매인 곳이 있어서 돌아가고자 하나 돌아가지 못하는 듯하였다. 마침내 붙잡아서 함께 이곳에 머물렀다. 이때 나의 둘째 형님 좌랑공(佐郎公)께서도 그의 나[吾]를 잃고 나를 쫓아 남해(南海) 지방으로 왔는데, 역시 나[吾]를 붙잡아서 함께 그곳에 머물렀다. 유독 나의 큰 형님만이 그의 나[吾]를 잃지 않고 편안히 단정하게 수오재(守吾齋)에 앉아 계시니, 어찌 본디부터 지키는 것이 있어 나[吾]를 잃지 않았기 때문이 아니

겠는가. 이것이 큰형님께서 그의 거실에 이름붙인 까닭일 것이다. 큰 형님께서는 항상 말하시기를,

"아버지께서 나에게 태현(太玄)이라고 자(字)를 지어 주셔서, 나는 오로지 나의 태현을 지키려고 하여, 이것으로써 나의 거실에 이름을 붙였다."

고 하시지만, 이것은 핑계대는 말씀이다. 맹자가,

"지킴은 무엇이 큰가? 몸을 지키는 것이 크다."

고 하였으니, 그 말씀이 진실하다.

드디어 내 스스로 말한 것을 써서 큰 형님께 보이고 수오재(守吾齋)의 기(記)로 삼는다.

– 「수오재기(守吾齋記)」, 『다산시문집 13』, 한국고전종합DB.

(1) 정약용은 밭도, 집도, 나무도, 옷도 지키지 않아도 된다고 하며, 천하의 모든 물건들은 누군가가 훔쳐 간들 다시 찾거나 만들 수 있다고 이야기한다. 정약용이 이야기하는 것처럼 지키지 않아도 되는 것을 내가 지키고 있었던 것이 있었을까? 내가 나보다 중요시 여겼던 것이 무엇이고, 그로 인해 자신을 제대로 바로보지 않은 경험이 있다면 작성해 보자.

(2) 나를 잃어버린 경험이 있을까? 만일 내가 중심을 잡지 못하고 타인에게 휘둘린 경험이 있다면, 왜 그러했을까? 이러한 경험을 통해 이해하게 된 '나'에 대하여 작성해 보자.

(3) "너는 무엇 때문에 여기에 왔는가?"라는 정약용의 질문에 답을 해 보자.

(4) 위에 작성하였던 1번~3번까지의 내용을 바탕으로 '자신을 지키는 집'이라는 주제로 하나의 글을 완성해 보자.

학습활동 2

『수상록』(*Essais*)은 미셸 드 몽테뉴의 유일한 저서이다. 『수상록』의 원제는 '시도'라는 뜻의 '에세(essais)'인데, 자신에 대해 이해한 내용에 대해 길거나 짧은 글을 여러 장으로 나누어 구성하였다. 여기서 몽테뉴가 자신에 대해 알고자 하였던 두 가지 상반된 시도를 참조하여 스스로에 대해 고민할 수 있는 방법을 찾아보자.

(1) 몽테뉴의 「나의 견해 외에는 무엇도 신뢰한 적이 없다」를 읽고, 그처럼 자기자신에 대해 신뢰했던 경험이 있는지 생각해 보며, 이 경험에 대해 작성해 보자.

나의 견해 외에는 무엇도 신뢰한 적이 없다

내 잘못이나 불행에 대해 나 외에는 누구도 탓할 수 없다. 나는 학문적 가르침이나 지식을 요할 때 외에는 그저 예의상 다른 사람의 의견을 구한다. 그러나 오로지 내 견해만으로 해결할 수 있는 경우, 다른 사람들의 의견이 내 관점을 뒷받침하기 위한 것이 아닌 이상 내 생각을 바꿔 놓는 경우는 거의 없다. 물론 의견을 들을 때는 정중하고 호의적으로 경청한다.

하지만 내가 기억하는 한 지금껏 나의 견해 외에는 무엇도 신뢰한 적이 없다. 내 주의를 분산시킨 것은 파리나 먼지밖에 없었다. 내가 내 의견을 그렇게 중시하는 것도 아니지만, 그렇다고 남의 의견에 귀 기울이는 것은 더욱 아니기에 나는 그 대가를 치른다.

나는 조언을 받지 않을뿐더러 조언을 즐겨 해주지도 않는다. 그래서 사람들이 나에게 요구하는 것도 적고 그만큼 보내는 신뢰도 적다. 게다가 공적인 일이든 사적인 일이든, 내 의견을 반영하거나 그로 인해 어떤 일을 바로잡은 적도 없다.

우연히 나에게 귀 기울인 사람들은 그 어느 누구의 의견에라도 영향을 받았을 것이다. 나는 영향을 줄 권리보다는 쉴 권리가 더 좋기 때문에 이대로 만족한다. 나를 내버려두는 것이 바로 내가 원하는 대로 나를 세우고 돌아볼 수 있게 해주는 것이다. 다른 사람의 일에 휘말리거나 그들을 보호해주지 않아도 된다면 나로서는 기쁜 일이다.

어떤 일이든 지나고 나면 결과가 어떠했는지 별로 후회하지 않는다. 그렇게 지나갈 일이었다고 생각하면 고통에서 자유로울 수 있다. 우주의 대순환이나 스토아적 사유의 연쇄도 마찬가지다. 모든 일의 순서와 과거–미래가 뒤집어지지 않는 한, 그대가 아무리 상상하고 바란다고 한들 세상의 어느 한 조각도 바꿀 수 없다.

– 미셸 몽테뉴 저, 정영훈(편), 안해린(역), 『몽테뉴의 수상록』, 메이트북스, 2019, 113~115쪽.

(2) 몽테뉴의 「내가 잘못된 것은 아닌지 항상 되묻는다」를 읽고, 그처럼 타인에 의해 흔들렸던 경험이 있는지 생각해 보며, 이 경험에 대해 작성해 보자.

내가 잘못된 것은 아닌지 항상 되묻는다

진실은 누구나 말할 수 있다. 그러나 신중하고 조리 있게 적당히 말하는 사람은 드물다. 그렇기 때문에 무지에서 오는 오류에 대해서는 개의치 않지만 우둔함은 나를 화나게 한다.

상인들과 어리석은 언쟁을 벌이기 싫어서 필요에도 불구하고 발길을 끊은 상점이 여럿 있다. 내가 거느리는 사람들이 저지른 잘못으로 흥분한 일은 일 년에 한 번도 되지 않는다. 그런 그들의 몰상식하고 당돌한 주장, 변명, 자기방어의 고집과 멍청함에 대해서는 매일 우격다짐해야 한다. 내가 무슨 말을 하는지, 왜 그런 말을 하는지 알지도 못하면서 그저 대답만 하는 모습을 보면 마음이 상하게 된다.

나는 다른 사람의 머리에 받힐 때에야 내 머리가 아픈 것을 느낀다. 내 사람들의 완고함과 성가신 태도와 어리석음을 상대하는 것보다 그들의 결점을 받아들이는 것이 차라리 쉽다. 할 수만 있다면 그들이 덜 어리석었으면 좋겠다. 그들도 그렇게 바라고 있기를 희망하지만 사실 기대할 가치도 없다.

혹 내가 잘못 이해하는 것은 아닐까? 그럴 수도 있다. 내가 성급한 탓이다. 상대가 옳든 그르든, 성급함은 잘못된 것이다. 자기와 상대의 다름을 용납하지 못하는 것은 포악한 성미다. 세상의 하찮은 일들에 일관성 없이 동요하고 상처받는 것보다 더 하찮고 한결같지 않은 것은 없다.

이런 성급함에 가장 먼저 피해를 입는 자는 바로 자기 자신이다. 내가 다른 곳에서 이미 언급했던 한 고대 철학자는 자기 자신을 돌아본 후에는 어김없이 눈물을 흘렸다고 한다.

나는 내 생각에 따라 하루에도 얼마나 자주 멍청한 말과 대답을 하는가? 그리고 타인의 생각에 따라서는 얼마나 더 많은 바보짓을 하는가? 그 정도로 내가 입술을 깨문다면 다른 사람들은 어떻게 하란 말인가?

그러나 우리는 사람들과 더불어 살고, 강물은 저절로 다리 밑으로 흐를 수 있게 두어야 한다. 신체가 기형이거나 뒤틀린 사람을 보고도 동요하지 않으면서 어째서 정신이 온전치 못한 사람을 만날 때는 화를 참을 수가 없을까? 결함 자체보다는 그 판단에 달려 있기 때문이다. 플라톤의 말을 항상 되뇌자.

"무언가 이상하다고 느끼는 것은 바로 나 자신이 이상하기 때문이 아닐까? 내가 잘못된 것은 아닐까? 내가 하는 비난이 나에게 돌아올 수 있지 않을까?"

내 눈이 사방에서 나를 사사건건 지켜보기 때문에 나는 내 의무를 다한다.

– 미셸 몽테뉴, 정영훈(편), 안해린(역), 『몽테뉴의 수상록』,
메이트북스, 2019, 146~148쪽.

(3) 나에 대해 확신을 가진 때와 회의감을 가진 두 상반된 경험을 바탕으로 '나를 알기 위한 시도'라는 주제로 자신에 대해 글로 표현해 보자.

Note

학습활동 3

조별활동

다음 질문을 기반으로, 자신의 '꿈', 그리고 '나는 누구인가'를 의미화하여, 여러 가지 방식으로 자기표현을 해 보자.

2가지 질문

(1) 나는 왜 OOO이 되고 싶은가?

(2) 나는 OOO가 되고 나서 무엇을 하고 싶은가?

(3) 다음 「자기소개서」 원칙에 맞게, 자기의 '꿈'을 바탕으로, '진로(취업, 창업, 진학 등)'를 대비한 '맞춤형' 「자기소개서」를 작성해 보자.

【자기소개서 원칙】

① 구체적으로 써라.

② 명사형이 아닌 동사형으로 써라.

③ 경험 자체보다는 의미부여가 중요하다.

④ 나만의 비밀병기는 무엇인지 생각하라.

⑤ 문장에 신경 써라.

(4) 같은 조 교우들의 자기소개서를 살펴보고, 장점을 찾아 더욱 발전시킬 수 있는 방향을 작성해 보자.

2.2. 나는, 나에 의해 다시 표현된다

앞에서 우리는 과거의 표현법으로 자신을 새롭게 이해하는 방법을 배웠다. 그러나 나에 대하여 현대적인 방법으로 표현하는 것도 중요하다. 자기자신에 대해 현대적으로 표현하라고 한다면 흔히 생각하는 양식은 '자기소개서'이다. 우리는 앞서 자기소개서의 기본적인 형태를 학습활동을 통해 실행해 본 바 있다. 그렇다면 자기소개서를 제외한 자기 표현의 방식은 어떤 것이 있을까? 시와 같이 은유적이고 함축적 언어로 표현하는 것은 어떤가?

안도현은 짧은 시, 「너에게 묻는다」에서 촌철살인의 언어로 자신이 누구인지 돌아보게 만든다.

연탄재 함부로 차지 마라
너는
누구에게 한 번이라도 뜨거운 사람이었느냐

–안도현, 「너에게 묻는다」, 『외롭고 높고 쓸쓸한』, 문학동네, 2011, 11쪽.

시적 표현을 다양한 방식으로 정의할 수 있겠지만, 필자는 울림을 주는 한마디라고 정의하고 싶다. 시의 '낯설게 하기 기법' 때문에 우리는 시를 어렵게 보기도 하지만, 실상 우리 삶에 가까운 시들은 어렵게 표현한 작품들이 아니라, 내 삶을 더 극명하게 보여주는 작품들이다. 나에게 울림을 주는 짧고 간결한 말 한마디도 시가 될 수 있기에, 안도현의 시 같은 내용을 따라 쓰면서도 충분히 나를 표현하는 글을 쓸 수 있다.

시는 하나의 이미지를 어떤 심상에 담아 표현하고 있다. 그런데 이미지는 시에서만 확인되는 것이 아니다. 우리의 기억 또한 자기 이야기와 함께 '이미지'화 되어 있다. 이미지로 기억된 나를 어떻게 해석하는지에 따라 자기 자신의 의미도 달라진다고 볼 수 있다.

나의 현재는 과거의 나로 구성되어 있다. 우리는 흔히 과거는 변하지 않는다고 이야기한다. 물론 과거에 발생한 어떤 사건 자체는 변하지 않을 것이다. 하지만 5살이었던 나는 20살이 되었고, 과거의 자기를 바라보는 나의 시각은 변화하였다. 나의 과거를 해석하는 주체인 '내'가 달라

졌기 때문에 나의 과거의 한 부분도 현재의 나에게는 또 다른 이해와 이미지로 남겨질 수 있다. 과거에는 힘들었던 일이었더라도 현재의 내가 당시 과거를 돌아보게 되면 새로운 이미지로 재생산되는 것이 하나의 예이다.

기억의 이미지도 좋지만 실제 자기의 과거를 '그림'으로 표현할 수 있다. 그림으로 그린 자기 과거의 이미지는 과거의 그때를, 있는 그대로 보여주는 것이 아니다. 그림을 통해 내가 기억하는 대로 혹은 기억하고 싶은 대로 다시 상상하여 과거로 돌아가는 것이다. 이런저런 방식으로 과거를 회상하는 이유는 과거의 내가 현재의 나를 만들기 때문이다. 과거의 삶의 과정은 나를 이루는 한 단면이고, 그에 따라 나는 현재에 이렇게 잘 살 수 있게 되었나. 한참 성장한 내가 과거의 나의 모습을 재해석하면서 나의 과거에 대해, 나에 대해 새롭게 이해하며 새로운 자기인식을 가능하게 한다.

현대사회는 다양한 매체가 생성되었고, 그에 따라 다양한 방식으로 자기자신에 대한 창조적 탐색과 표현을 가능하게 한다. 앞서 언급하였던 시, 그림 등의 상징과 이미지

뿐만 아니라 현대 우리는 SNS와 V-LOG 등 새로운 매체를 사용하여 자기를 표현하기도 한다. 앞으로도 새로운 매체는 끊임없이 새롭게 등장하지 않을까? 그 매체와 조금 더 친해진다면 나를 더욱 적극적으로 드러낼 수 있는 방안은 무궁무진해진다.

Note

학습활동 1

조별활동

다음은 바스와바 쉼보르스카의 「선택의 가능성」이라는 시이다. 함께 시를 읽고 난 후 다음의 활동을 해 보자.

선택의 가능성

영화를 더 좋아한다.
고양이를 더 좋아한다.
바르타강 가의 떡갈나무를 더 좋아한다.
도스토옙스키보다 디킨스를 더 좋아한다.
인류를 사랑하는 나 자신보다
사람들을 사랑하는 나 자신을 더 좋아한다.
실이 꿰어진 바늘을 갖는 것을 더 좋아한다.
초록색을 더 좋아한다.
모든 잘못은 이성이나 논리에 있다고
단언하지 않는 편을 더 좋아한다.
예외적인 것들을 더 좋아한다.
집을 일찍 나서는 것을 더 좋아한다.
의사들과 병이 아닌 다른 일에 관해서 이야기 나누는 것을 더 좋아한다.

오래된 줄무늬 도안을 더 좋아한다.
시를 안 쓰고 웃음거리가 되는 것보다
시를 써서 웃음거리가 되는 편을 더 좋아한다.
사랑과 관련하여 매일매일을 기념하는 것보다는
비정기적인 기념일을 챙기는 것을 더 좋아한다.
나에게 아무것도 섣불리 약속하지 않는
도덕군자들을 더 좋아한다.
지나치게 쉽게 믿는 것보다 영리한 선량함을 더 좋아한다.
민간인들의 영토를 더 좋아한다.
정복하는 나라보다 정복당한 나라를 더 좋아한다.
만일에 대비하여 뭔가를 비축해놓는 것을 더 좋아한다.
정리된 지옥보다 혼돈의 지옥을 더 좋아한다.
신문의 제 1면보다 그림 형제의 동화를 더 좋아한다.
잎이 없는 꽃보다 꽃이 없는 잎을 더 좋아한다.
품종이 우수한 개보다 길들지 않은 똥개를 더 좋아한다.
내 눈이 짙은 색이므로 밝은색 눈동자를 더 좋아한다.
책상 서랍들을 더 좋아한다.
여기에 열거하지 않은 많은 것들을
마찬가지로 여기에 열거하지 않은 다른 많은 것들보다 더 좋아한다.

숫자의 대열에 합류하지 않은
자유로운 제로(0)를 더 좋아한다.
기나긴 별들의 시간보다 하루살이 풀벌레의 시간을 더 좋아한다.
불운을 떨치기 위해 나무를 두드리는 것을 더 좋아한다.
얼마나 남았는지, 언제인지 물어보지 않는 것을 더 좋아한다.
존재, 그 자체가 당위성을 지니고 있다는
일말의 가능성에 주목하는 것을 더 좋아한다.

– 바스와바 쉼보르스카, 최성은(역), 「선택의 가능성」,
『끝과 시작』, 문학과지성사, 2016, 297~298쪽.

(1) 내가 좋아하는 것을 생각해 보고, 「선택의 가능성」을 따라 쓰며 시로 자기를 소개해 보자. 그리고 작성한 글을 패들렛(온라인 플랫폼)에 올려보자.

(2) 가장 마음이 가는 교우들의 자기 소개 시에 댓글을 달아보자. 어떤 점이 나와 동일하고, 어떤 점이 나와 다른가? 이를 통해 탐색할 수 있는 타인과 다른 나의 고유성이 있다면 작성해 보자.

학습활동 2

조별활동

아래 시의 화자는 사랑하는 과정에서 자신이 지녀온 사랑의 관념을 확장하게 된다. 시인은 점점 품이 넓어지는 사랑의 주체로 변화되는 과정을 식탁의 음식을 통한 비유로 보여주고 있다. 비유를 통해 자신이 말하고자 하는 바를 선명하게 전하는 연습을 해보고자 한다. 시를 읽어 보고 아래 질문에 답해 보자.

사랑은 야채 같은 것

그녀는 그렇게 생각했다 씨앗을 품고 공들여 보살피면 언젠가 싹이 돋는 사랑은 야채 같은 것

그래서 그녀는 그도 야채를 먹길 원했다 식탁 가득 야채를 차렸다. 그러나 그는 언제나 오이만 먹었다

그래 사랑은 야채 중에서도 오이 같은 것 그녀는 그렇게 생각했다

그는 야채 뿐인 식탁에 불만을 가졌다 그녀는 할 수 없이 고기를 올렸다

그래 사랑은 오이 같기도 고기 같기도 한 것 그녀는 그렇게 생각했다

그녀의 식탁엔 점점 많은 종류의 음식이 올라왔고 그는 그 모든 걸 맛있게 먹었다

결국 그녀는 그렇게 생각했다 그래 사랑은 그가 먹는 모든 것.

– 성미정, 『사랑은 야채 같은 것』, 민음사, 2019, 18~19쪽.

(1) 스스로 가장 나답다고 생각할 때는 언제인가. 그때의 나는 무엇에 비유할 수 있을까? 이유는 무엇인가?

(2) 최근 아름답거나 혹은 슬프다거나 신비하다고 느낀 사람, 사물, 풍경 등이 있는가? 산문으로 그 대상을 묘사해 보자. 몇 문장 몇 구절로 암시와 비유 등을 활용해 그것의 분위기를 표현해 보자.

학습활동 3

다음 모지스 할머니의 『인생에서 너무 늦은 때란 없습니다』를 읽고 아래의 질문을 통해 활동을 진행해 보자.

그 시절(1957년)

그 시절

내가 만약 그림을 안 그렸다면 아마 닭을 키웠을 거예요. 지금도 닭은 키울 수 있습니다. 나는 절대로 흔들의자에 가만히 앉아 누군가 날 도와주겠거니 기다리고 있진 못해요. 주위 사람들에게도 여러 번 말했지만, 남에게 도움을 받느니 차라리 도시 한 귀퉁이에 방을 하나 구해서 팬케이크라도 구워 팔겠어요. 오직 팬케이크와

시럽뿐이겠지만요. 간단한 아침 식사처럼 말이에요. 그림을 그려서 그렇게 큰 돈을 벌게 되리라고는 꿈에도 생각지 못했어요. 늘그막에 찾아온 유명세나 언론의 관심에 신경 쓰기에는 나는 나이가 너무 많아요.

오래전 아침 식탁에서 아버지가 들려준 꿈 이야기가 떠오릅니다. "애나 메리야, 내가 어젯밤에 네 꿈을 꾸었단다." 아버지가 말했습니다. "좋은 꿈이었어요, 나쁜 꿈이었어요?" 내가 물었지요. "그야 어떤 미래가 펼쳐지냐에 따라 달라지겠지. 꿈은 우리의 앞날에 그림자를 드리운단다." 아버지의 꿈에, 내가 널찍한 홀에 있고 수많은 사람들이 박수를 치고 환호성을 보내더랍니다. 아버지는 이게 무슨 일인가 싶었대요. "그런데 돌아보니 애나 메리 네가 남자들의 어깨를 밟으면서 내 쪽으로 걸어오는 게 아니겠니? 내게 손을 흔들면서 남자들 어깨를 번갈아 밟으면서 다가왔어." 언론에서 많은 관심을 받은 이후 요 몇 년 사이 그 꿈 생각이 자주 납니다. 엄마가 했던 말도 생각이 납니다. "러셀, 남자들 어깨 밟고 걸어 다니는 애나 메리가 그렇게 근사해 보이던가요?" 어머니는 꿈이란 게 얼마나 허망한 건지 알고 있었지요. 아니면, 정말 그 꿈이 나의 앞날에 그림자를 드리웠던 걸까요? 세계 거의 모든 나라에서 수많은 격려의 편지를 받을 때면, 그런 생각이 듭니다.

지금까지 내가 살아온 이야기를 진솔하게 들려드렸습니다. 이

나이가 되니 세월이 어떻게 갔는지 모르겠네요. 차라리 열여섯 살 때가 내 나이를 가장 실감했던 것 같아요. 화이트사이드 부부를 떠날 무렵 나는 성숙했고 평온했거든요. 어떻게 보면 난 늘 그렇게 살아왔던 것 같습니다. 지금도 나는 내가 늙었다는 기분이 전혀 들지 않아요. 손주 열한 명과 증손주 열일곱 명을 둔 할미이지만요. 참 많이도 두었네요!

세상이 변하고 또 변하고 있는데 앞으로도 더 많이 변할 수 있을까요? 지금보다 더 발전한 세상을 여러분들은 상상할 수 있으신지요? 나의 아버지가 화덕을 좋아하셨듯이 나도 철제 난로를 좋아했고, 지금은 그것들이 가스와 전기 레인지로 바뀌었지요. 젊은 세대가 나이를 먹고 앞으로 100년이 더 흐르면, 후대인들의 눈에는 우리가 원시인으로 보여도 전혀 놀랄 일이 아닙니다.

그럼에도 불구하고 나는 우리가 정말 발전하고 있는지 때로는 의문이 듭니다. 내가 어렸을 때는 세상이 달랐어요. 지금보다는 여러모로 더 느린 삶이었지만 그래도 행복하고 좋은 시절이었지요. 사람들은 저마다 삶을 더 즐겼고, 더 행복해했어요. 요즘엔 다들 행복할 시간이 없는 것 같습니다. 하지만 이런 어려운 질문에 맞닥뜨리면 너무 많이 생각하지 말고 그냥 덮어버리는 게 상책입니다. 내가 은 골무를 얻으려고 성경을 읽었을 때 그랬던 것처럼 말이지요!

내 삶의 스케치를 매일 조금씩 그려보았습니다. 어린 시절부터 돌아보며 그저 생각나는 대로, 좋은 일, 나쁜 일도 있지요. 다 우리가 겪어내야 하는 일들입니다.

나의 삶을 돌아보니 하루 일과를 돌아본 것 같은 기분입니다. 오늘 하루도 무사히 잘 마쳤고 내가 이룬 것에 만족합니다. 나는 행복했고, 만족했으며, 이보다 더 좋은 삶을 알지 못합니다.

삶이 내게 준 것들로 나는 최고의 삶을 만들었어요. 결국 삶이란 우리 스스로 만드는 것이니까요. 언제나 그래왔고, 또 언제까지나 그럴 겁니다.

메리와 어린 양(1947년)

– 애나 메리 로버트슨 모지스, 류승경(편역), 『인생에서 너무 늦은 때란 없습니다』, 수오서재, 2017, 270~277쪽

(1) 나의 현재는 과거의 나로 인하여 구성되어 있다. 나의 과거 중 가장 이야기하고 싶은 장면의 사진 혹은 이미지를 찾아보고 그 경험에 대해 서술해 보자.

(2) 그림으로 그린 자기 과거의 이미지는 과거의 그때를, 있는 그대로 보여주는 것이 아니다. 내가 기억하는 대로 혹은 기억하고 싶은 대로 다시 상상하여 과거로 돌아가는 것이다. 과거에 대해서 돌아보며 현재의 내가 과거의 나를 새롭게 이해한 부분이 있는가?

학습활동 4

다음은 김연수의 「청춘의 문장들」이다. 아래의 질문과 글의 구조를 이해하는 과정을 통해 자신에 대한 한 편의 수필을 창작해 보자.

청춘의 문장들

(전략) 양자리인 나는 운명을 잘 믿지 않는 운명을 타고 났다. 무려 3년 동안이나 '내가 왜 글을 써야만 하는가?'라는 질문을 던진 까닭은 그 때문이었다. 운명 때문에 글을 쓴다는 건, 내가 이집트에서 채찍을 맞아가며 노예로 일하는 유대인들을 떠올리게 한다. 왠지 운명 때문에 글을 쓰는 사람은 모세처럼 수염을 길게 기른 재벌 3세가 나타나 "너, 지금 뭐하니? 노후대책은 세우고 사냐?"라고 말하며 함께 일하자고 들면 당장이라도 따라나설 것 같다. 적어도 나는 운명 때문에 글을 쓰고 싶지는 않았다. 그건 노예들에게나 어울리는 일처럼 보였다. 운명이 아니라면, 그럼 왜 글을 쓴다는 말인가? 그러고 나니 할 말이 없었다. 진짜 할 말이 없었다.

처음에는 대단히 유치한 대답부터 시작했다. 첫 번째 돈을 많이 벌기 위해서. 대학교 때 지나가는 행인의 숫자를 헤아리는 아르바

이트로부터 시작해 그간 나는 돈을 벌기 위해서 수많은 일들을 해 봤다. 제일 쉽게 돈을 벌 수 있었던 것은 불법 출판되는 일본만화를 윤문하는 일이었다. 한 권을 윤문하면 2만원을 받았는데, 걸리는 시간은 20분 정도면 충분했다. 문학은? 글을 쓰는 일은 금전으로 환산할 수 없을 정도로 고귀하거나, 혹은 노력의 대가를 가급적 인정하지 않으려는 사람들을 상대해야만 하는 일이었다. 그래서 이 대답은 틀렸다.

(중략)

나는 대체로 다른 사람들에게는 큰 관심이 없다. 내가 꼭 하지 않더라도 다른 사람들이 충분히 할 수 있는 일에도 흥미가 없다. 내가 해야만 하는 일들만이 내 마음을 잡아끈다. 조금만 지루하거나 힘들어도 '왜 내가 이 일을 해야만 하는가?'는 의문이 솟구치는 일 따위에는 애당초 몰두하고 싶은 생각이 없었다. 완전히 소진되고 나서도 조금 더 소진될 수 있는 일을 하고 싶었다. 내가 누구인지 증명해주는 일, 나를 행복하게 만드는 일, 견디면서 동시에 누릴 수 있는 일, 그런 일을 하고 싶었다.

청나라 장조는 이런 글을 남겼다.

꽃에 나비가 없을 수 없고, 산에 샘이 없어서는 안 된다. 돌에는 이끼가 있어야 제격이고, 물에는 물풀이 없을 수 없다. 교목엔 덩굴이 없어서는 안 되고, 사람은 벽이 없어서는 안 된다.

'벽'이란 병이 될 정도로 어떤 대상에 빠져 사는 것, 그게 사람이 마땅히 해야 할 일이라면 내가 문학을 하는 이유는 역시 사람답게 살기 위해서다. 그러므로 글을 쓸 때, 나는 가장 잘 산다. 힘들고 어렵고 지칠수록 마음은 점점 더 행복해진다. 새로운 소설을 시작할 때마다 '이번에는 과연 내가 어디까지 견딜 수 있을까?' 궁금해진다. 나는 세상을 살아가기에는 여러모로 문제가 많은 인간이다. 힘든 일을 견디지 못하고 싫은 마음을 얼굴에 표시내는 종류의 인간이다. 하지만 글을 쓸 때, 나는 한없이 견딜 수 있다. 매번 더 이상 할 수 없다고 두 손을 들 때까지 글을 쓰고 난 뒤에도 한 번 더 고쳐본다. 나는 왜 문학을 하는가? 그때 내 존재는 가장 빛이 나기 때문이다.

영혼을 팔아치울 정도로 괴로운 일이었다면, 그래서 견디지 못하고 그 괴로움을 다른 사람들에게 전가할 지경이었다면, 나는 문학을 하지 않았을 것이다. 나를 완전히 던지는 일을 통해 행복을 얻을 수 있는 다른 일을 찾아 나섰을 것이다. 나는 운명도, 운도 믿지 않는다. 믿는 것은 오직 내 몸과 마음의 상태일 뿐이다. 인간이란 할 수 없는 일은 할 수 없고 할 수 있는 일을 할 수 있는 존재다. 나는 완전히 소진될 때까지 글을 쓸 수 있다. 이건 내가 할 수 있는 일이다. 1968년 프랑스에서 학생운동이 극에 달했던 시절, 바리케이트안 쪽에 쓰여진 여러 낙서 중에 'Ten days of happiness'라는 글귀가 있었다고 한다. 열흘 동안의 행복. 그 정도면 충분하다. 문학을 하는 이유로도, 살아가거나 사랑하는 이유로도.

– 김연수, 『청춘의 문장들』, 마음산책, 2022, 79~84쪽.

(1) 보통 우리는 외부의 것들에만 관심을 갖고 그에 대한 질문만 한다. 그러나 나에 관하여 궁금한 점이 있는가? 나에 대하여 궁금한 질문들의 목록을 만들어 보자.

(2) 내가 나에게 질문한 내용에 하나씩 '나만의 답'을 해 보자.

(3) 나에게 질문한 내용에 대하여 스스로 찾은 여러 가지 답변 중, 가장 마음에 드는 답변이 있는가? 김연수는 「청춘의 문장들」에서 '나는 왜 글을 쓰는가?'라는 자기 질문에 대하여 '행복'하기에 글을 쓴다고 한다. 그리고 사람에게는 '벽'이 있어야 한다고 한다. 김연수가 자신을 이해할 때, 행복하다

는 이유를 '벽'과 같은 개념을 활용한 것과 같이, 우리도 자신을 이해할 수 있는 개념, 고전의 어구, 명언 혹인 인용문이 있는가? 이를 스스로에게 한 질문에 대한 답변과 연결시켜 보자.

(4) 위에 작성하였던 1번~3번까지의 내용을 바탕으로 「내 삶의 이유」라는 주제로 하나의 글을 완성해 보자.

Note

3장

이야기의 이해와 표현

3장

이야기의 이해와 표현

3.1. 이야기는 힘이 세다

덴마크의 롤프 옌센(Rolf Jenssen)은 그의 저서 『드림 소사이어티(*The Dream Society*)』에서 미래의 중요한 키워드를 제시한 바 있다. 그는 지금의 정보사회 이후 도래할 사회가 데이터와 정보가 아닌 '이야기'를 바탕으로 성공하는 새로운 사회를 예견하였다. 즉 '이야기 주도의 상상력(story-driven imagination)'이 사람의 마음을 움직인다는 것이다. 사실 위주의 정확한 정보만으로는 소통에 한계가 있다. 사실을 어떻게 전달할 것인가가 문제인 셈이다. 이때 이야기는 다양한 창조력과 상상력이 가미되어야 논리적이면서도 감성적으로 전달될 수 있다.

이야기가 갖는 힘은 첫째, 자신과 타인 나아가 사회, 국가 및 지구 환경에 관한 생각과 문화적 가치관을 반영한 이야기를 듣고 공감하며 타자와 세상을 이해할 수 있다. 둘째, 불가능할 것 같은 순간에도 감동적인 이야기는 사람의 마음을 얻고 나아갈 수 있는 힘을 준다. 아우슈비츠 수용소에서 유태인들은 유머가 섞인 이야기를 나누며 미래를 위한 투쟁의 마음을 다지곤 했다. 그들은 이야기가 '영혼이 사용할 수 있는 또 하나의 무기'라는 것을 이미 알고 있었던 것이다. 셋째, 이야기는 기업의 경영에서도 스토리텔링 마케팅을 활용한 경영 방법으로 활용되고 있다. 스토리텔링은 사람들의 관심과 흥미를 이끄는 이야기를 통해 '소통'하려는 의도에서 출발했다. 스토리텔링은 스토리(story)와 텔링(telling)의 합성어로 '이야기하기', 즉 이야기에 참여하는 현재성·현장성을 강조한다.

디지털 매체를 기반으로 하는 디지털 스토리텔링의 경

우 창작자와 청중의 경계가 무너지고 모든 사람이 참여자가 되어 소통하게 되었다. 상업적인 측면에서 스토리텔링 마케팅을 활용하여 기업은 상품을 팔기보다 브랜드의 이미지를 제고하고 이익을 실현할 수 있다. 스토리텔링 마케팅은 직접적으로 제품을 설명하기보다 브랜드에 관한 이야기를 강조한다. 잘 만들어진 이야기라면 기업이나 상품의 이미지 제고에 도움을 주어 마케팅 면에서 성공할 가능성이 높다. 문화 예술을 비롯한 기업 경영에서 스토리를 통한 마케팅에 관심을 기울이는 것도 이 때문이다. 예컨대 태풍에 사과가 모두 떨어져 출하량이 떨어진 일본의 아오모리의 경우 '태풍에도 떨어지지 않는 사과'라는 이야기를 활용하여 '합격 사과'로 판매액이 30% 증가했다. 또, 브랜드 문화를 드러내는 스토리텔링도 있다. 소비자들과의 공감 포인트를 일상의 이야기로 전달하는 경우 브랜드가 추구하는 문화와 소비가 하나가 되면서 브랜드 소비가 자연스럽게 일상이 되게 만드는 것이다.

〈Play New 나이키 광고(2021) A New Day I Play New I Nike〉 편은 다른 나라, 다른 종목의 스포츠를 즐기는

일상의 사람들과 선수들의 이야기가 담겨 있다. 나의 삶과 다르지 않은 그들의 노력과 실패, 그리고 일상의 이야기를 통해 공감을 불러일으켜 삶의 의지를 고양시키고 현실의 삶에서 감동을 제공한다는 점에서 이야기는 힘이 세다. 이제 광고시장은 소비자의 이야기에 귀를 기울여야 호감을 올릴 수 있는 구조가 되었고, 기업의 입장에서는 소비자와의 공감과 소통을 위해 더욱 좋은 이야기를 생산하는 것이 중요한 사안이 되었다.

그렇다면 대중에게 잘 전달되는 좋은 이야기(스토리)는 어떤 원리로 작동되는 것일까? 재미있는 이야기의 기본 요소는 무엇일까? 이야기의 달인 소설가 김연수는 흥미로운 이야기를 만들기 위해서 멋진 플롯과 매혹적인 캐릭터를 꼽고 있다. 영웅적 인물이나 비현실적인 극적 상황은 더 이상 공감할 수 없는 이야기가 되었다. 공감과 진정성, 사실적이고 현실적인 이야기일수록 사람들의 마음을 움직인다. 이야기의 주인공이 자신과 같은 보통 사람이지만 분명한 캐릭터를 가진 인물이며 진정성 있는 감정으로 중요한 순간을 정면승부 하는 사건(상황 · 환경)일수록 이야기의 몰입도와 이로 인한 설득의 가능성이 높아지는 것이다.

여기에 하나 더, 이야기를 듣는 사람 즉 청자나 독자의 관심과 정서적 반응을 이끌어 내기 위한 내용적 요소를 모티프(motif, 이야기의 주제를 이루는 사건의 최소 단위)라고 하는데 이 모티프를 이야기에 활용한다면 공감과 재미 나아가 감동을 주는 이야기를 만들 수 있다.

학습활동 1

조별활동

최근 기업의 마케팅에서 이야기를 활용한 스토리텔링 마케팅에서 성공한 사례와 실패한 사례를 각각 찾아 그 이유를 찾아보고 좋은 이야기가 되기 위해서는 어떤 점이 필요한지 논의해 보자.

Note

학습활동 2

통계자료나 논리적인 자료보다 이야기를 활용해 상대방을 설득한 사례를 찾아보고 이야기의 힘에 대해 정리해 보자.

Note

학습활동 3

독립서점을 방문 후 미래에 출판할 자기 책의 책날개 자기소개(작가소개)를 이야기로 만들어 보자.

(독립서점이란 대형서점과 달리 독립출판물 또는 주인장이 자신의 취향대로 책을 선정하여 판매하는 서점으로 서점 주인의 개성을 만날 수 있는 자유로운 공간으로 대형서점과 다른 결의 책을 만날 수 있는 공간이다. 이곳에서 개성 있는 도서의 책날개 작가소개를 살펴보고 보합해야 할 점과 배워야 할 점을 찾아보고 자신의 미래 출판 도서의 책날개 자기소개(작가소개)를 해보자. 책날개 자기소개 글쓰기는 대중적인 출판물에 창의적으로 자신의 개성과 전문성을 표현해 본다는 점에서 의미가 있다.) 그리고 이를 3분 동안 타자 앞에서 이야기해 보자. 두 가지 버전으로 준비해 보자. 수업을 듣는 대학생이 청자인 경우와 대기업이나 대학원 진학 시 면접 상황이라 가정하고 스토리텔링 해보자. 이때 청자가 이를 듣고 어떤 피드백과 질문을 하는 지를 듣고 자신의 이야기가 잘 전달되었는지 확인해 보자.

학습활동 4

'사용자 친화적이 되어라.(Be user friendly)'라는 관점에서 자신의 전공을 바탕으로 하고 싶은 일을 한 편의 이야기로 만들어 대중에게 소개해 보도록 하자. 이야기의 목적은 경제적 · 공간적 지원을 받기 위함이다. (전공을 살리지 않을 경우, 자신이 하고 싶은 일을 중심으로 이야기를 만들어 보자.)

Note

3.2. 이야기는 다시 태어난다

이야기를 쉽게 만드는 방법으로는 첫째, 자신의 삶 속에서 이야기를 찾아내는 것이다. 주로 자기소개를 위한 글에서 이야기는 자신을 각인시키는데 효과적이다. 그러기 위해서는 무엇보다 자신의 삶을 관찰하고 발견하는 자세가 필요하다. 관찰과 발견의 총체로서 사람들은 자신의 경험과 사건을 하나의 '이야기'로 기억하고 있다. 따라서 기억을 통해 만들어지는 이야기는 발화자의 발화 시간이나 바뀐 생각에 따라 가공될 수 있다.

이제 생활 속에서 관찰과 발견을 통해 이야기를 만들어 보았다면, 둘째, 기존의 이야기를 다시 써보는 것도 이야기를 쉽게 만들어 보는 과정 중의 하나일 것이다. 하늘 아래 새로운 이야기가 없다는 말이 있듯이 모든 모방은 창조의 어머니기에 다양한 관점으로 상황을 바라보는 데서부터 이야기는 시작된다. 기존의 이야기에 대한 주제가 나의 문제의식과 만나 갈등하거나 충돌하는 지점이 있다면 그 이야기를 나의 해결 방식으로 다시 풀어쓰게 됨으로

써 이야기는 다시 태어나게 되는 것이다. 이때 발화자의 주제 의식과 표현 방식에 따라 기존의 이야기와 전혀 다른 이야기가 될 수도 있고 다른 사람들이 쉽게 공감할 수 있는 이야기가 될 수도 있다.

리메이크처럼 있는 이야기를 변형한다는 것은 고쳐 쓰거나 다시 쓰는 것을 말한다. 그런데 이보다 선행되어야 할 것은 고전의 다시 읽기이다. 능동적인 원전 읽기는 기존의 가치관을 시대의 요구에 맞추어 읽어보려는 태도이다. 따라서 기존의 이야기의 내용을 비판적으로 이해하고 주체적 읽기를 해보는 과정에서 이전에 학습한 주제를 내려놓고 작품과 작가에게 인간적·실체적인 물음을 던지며 시대와 나에 대한 고민을 다시 해보아야 한다.

리메이크한 영화는 원래의 이야기와는 다른 글쓴이의 다시 쓰고 읽고 싶은 욕망이 반영되어 있다. 즉 기존의 이야기 속에서 받아들이기 힘든 부분이 주로 개작되는 경우가 많다. 애니메이션으로 성공한 「겨울왕국」의 모티프는 한스 크리스티안 안데르센의 동화 「눈의 여왕」이지만,

이야기는 다르다. 우리나라의 경우 웹툰 「신과 함께」 역시 수많은 한국 신화 및 이야기를 변형한 것으로 누구나 알고 있는 이야기를 변형한 예이다.

「뮬란」의 이야기를 다시 읽고, 다시 쓰면서 우리는 주인공에게 '정말 전쟁에 자발적으로 지원한 것인가' 혹은 그녀가 오랜 전쟁 후 다시 마을에 돌아와서 '아무 일이 없었던 것처럼 살 수 있었을까'라는 질문을 던질 수 있다. 또 「빨간모자」에서는 '어떻게 엄마가 어린 딸을 혼자 숲으로 보낼 수 있는가'라는 현실적이고 합리적인 추론을 할 수도 있다. 한편 문제 의식을 갖고 원작을 변형할 때 흔히 사용하는 방법이 패러디(parody)인데, 이를 활용한 다양한 이야기가 탄생함으로써 고전의 가치는 발현된다. 이야기를 다시 읽고 쓰는 과정에서 인문학적 성찰을 경험할 수 있다는 점에서 이는 가치 있는 소통방식이 된다.

학습활동 1

조별활동

이야기는 귀납적인 방법과 연역적인 방법으로 전개할 수 있다. 아래 첫 번째 글은 타계한 영문학자 장영희 교수의 글이다. 이 글은 한 편의 이야기를 통해 문제를 자연스럽게 이끌어내고 있다. 작가는 귀납적인 방법으로 자신의 경험을 전반부에 배치하고 지역이기주의를 경고한 후, 고전 속 주인공의 입을 통해 자신의 생각을 정리하고 있다. 두 번째 글인 제노비스 신드롬을 이야기한 학생의 글은 연역적인 방법으로 자신의 주제를 드러내고 있다. 이는 개인주의가 팽배한 현실에 대한 자신의 경험담을 이야기로 풀어낸 학생의 글로, 누구나 경험할 수 있는 일상의 묘사 외에도 사회문제와 자기 발전에 관한 고민이 진지하게 드러나 있다.

이제 연역법과 귀납법 중 한 가지 방법을 선택하여 하나의 주제를 갖고 자신의 경험을 이야기로 만들어 발표해 보자. 이때 이 이야기가 이를 듣는 상대방이 내가 누군지 이해하는 데 도움이 될 수 있도록 이야기로 만들어 보자.

이 세상의 파수꾼

어느 지인에게서 들은 이야기다. 어떤 사람이 새 자전거를 닦고 있는데 한 아이가 다가와 호기심 어린 눈으로 구경을 했다. 아이는 자전거 주인에게 슬며시 물었다.

"아저씨, 이 자전거 비싸요?"

그러자 자전거 주인이 대답해 주었다. "몰라. 이 자전거는 우리 형님이 주신 거란다." 그 말이 끝나자마자 아이는 부럽다는 듯, "나도 ……" 라고 말을 꺼내는 것이었다. 자전거 주인은 당연히 아이가 "나도 그런 형이 있어서 이런 자전거를 받았으면 좋겠다"라고 말할 줄 알았다. 그런데 아이의 말은 뜻밖이었다. "나도 그런 형이 될 수 있었으면 좋겠어요. 내 동생은 심장병이 있는데, 조금만 움직여도 숨을 헐떡여요. 나도 내 동생에게 이런 멋진 자전거를 주고 싶은데요."

동생을 사랑하는 그 아이의 착함도 착함이지만, 이 이야기 속에서 나는 어른과 아이의 생각의 차이를 본다. 자전거 주인이 아이의 생각을 제대로 알아채지 못한 것은 늘 무엇인가를 남으로부터 획득해서 나의 소유로 만들고 싶은 어른들 생각을 아이에게 투사했기 때문일 것이다. 그래서 아이에서 어른이 되어 간다는 것은 이런 어린아이의 열린 마음을 점점 잃어버리고 나만의 성을 쌓아가며

나씩 마음의 문을 닫아거는 과정인지도 모른다.

지난 26일자 어느 일간지에는 "장애인 학교의 직업교육 시설 이전 계획에 반발한 서울 Y 초등학교 학부모들이 개학 첫날인 25일부터 다시 학생들의 무기한 등교 거부에 나섰다. 교육부는 지난해 9월 서울 맹학교 시설이 낡은 데다 그 지역이 건물을 증축할 수 없는 풍치지구여서, 맹학교의 직업교육 시설을 Y 초등학교 안의 일부 부지로 이전하기로 결정했던 바 있다."는 짤막한 기사가 있었다.

놀라운 것은 등교하는 학생들까지도 학부모들이 학교 앞에서 가로막고 돌려보냈다는 것이다.

물론 마땅한 이유가 있었겠지만, 아니 아무런 이유 없이 그냥 무조건 싫은 것이라도 할 수 없는 노릇이지만, 무심히 지나치기에는 너무나 가슴 아픈 이야기나. 어른들의 닫힌 마음으로 아이들의 열린 마음까지 꽁꽁 걸어 잠그는 것이나 마찬가지이기 때문이다.

미국 작가 J.D. 샐린저(Jermone David Salinger,1919~)의 대표작 『호밀밭의 파수꾼(*The Catcher in the Rye*, 1951)』은 소위 '문제 청소년' 주인공 홀든 콜필드가 세 번째로 옮겨간 고등학교에서 다시 퇴학당하고 집으로 돌아오기까지 사흘 동안의 행적을 기록한 1인칭 소설이다. 홀든은 뉴욕의 뒷골목을 떠돌며 오염된 현실 세계를 경험하고 지독한 상실감을 맛본다. 사흘 동안 거리에서 만난 사람들은 한결같이 위선적이고 신뢰할 수 없는 기성세대이다. 홀든은 인간 불신의 원인은 언어 자체라고 생각, 허위로 가득 찬 세상을 떠나 한적한 숲속에서 누구와도 말을 나누지 않고 살기로 결심한다. 그러나 그는 결국 여동생 피비의 절대적인 신뢰와 사랑에서 구원을 발견하고 집으로 돌아간다.

미래에 무엇이 되고 싶으냐는 피비의 질문에 홀든은 대답한다. "나는 늘 넓은 호밀밭에서 재미있게 노는 꼬마들의 모습을 상상하곤 했어. 난 아득한 절벽 옆에 서 있어. 내가 할 일은 아이들이 절벽으로 떨어질 것 같으면 재빨리 잡는 거야. …… 말하자면 호밀밭의 파수꾼이 되고 싶다고나 할까."

그러나 결국 어른들의 세계에 환멸을 느끼고 절망 끝에 절벽으로 떨어지려는 '호밀밭의 파수꾼' 홀든을 지켜 주는 것은 피비의 순수하고 맑은 영혼이라는 점이 이 소설의 아이러니다.

앞을 보지 못하는 학생들 가까이에서 공부할 수 없으니 학교에 가지 말라는 어른들의 말을 어린 학생들은 어떻게 이해했을까. 그런 아이들이 자라면 이 세상은 아무리 잘난 사람이라도 누구나 조금씩의 모자람, 불편함을 갖고 있어서 서로 양보하고 서로 도우며 살아가는 것이고, 그것만이 이 세상을 지키는 진정한 파수꾼이라는 걸 깨달을 수 있을까.

사랑과 친절은 부메랑 같아서 베풀면 언젠가는 꼭 내게 다시 돌아온다는 것, 그래서 결국은 사랑하지 못하는 마음이야말로 이 세상을 살아가는 데 가장 불편한 장애라는 것을 이해할 수 있을까.

– 장영희, 『문학의 숲을 거닐다』, 샘터, 2005, 182~185쪽.

제노비스 신드롬(Genovese Syndrome)이라는 사회현상이 있다. 커티제노비스라는 여성이 집으로 가는 중 정신 이상자에게 칼 부림을 당한다. 그 장면을 38명이나 목격했는데도 아무도 도와주거나 경찰에 신고하지 않았다. 이처럼 목격자가 많을수록 책임감이 분산돼 개인이 느끼는 책임감이 적어져 행동하지 않게 되는 현상을 '제노비스 신드롬'이라고 한다.

나는 학교와 집을 지하철로 통학한다. 이번 학기는 오전 수업이 많아 사람이 많은 출근 시간에 지하철을 타서 서 있는 상태로 지하철을 탄다. 어느 날 오전 수업이 없어 가벼운 마음으로 지하철을 오후에 타러 갔다. 때마침 지하철도 바로 와서 나는 속으로 오늘 운이 좋다고 생각했다. 지하철에는 사람들이 드문드문 있었다. 나는 자리에 앉아 다 못한 과제를 하고 있었다. 한 정거장 지났을까 어떤 할아버지께서 "학생, 4호선 어디서 타?" 라고 말했다. 내 대각선 쪽 좌석에 앉은 할아버지는 옆에 앉아있던 학생에게 물어보는 거라고 나는 생각했다. 하지만 대답 소리가 없었고 할아버지는 한 번 더 물어봤다. 그래도 대답이 없었다. 나는 혹시 나에게 물어보시

나 하고 봤지만 옆에 학생이 있어 난 아니라고 생각했다.

몇 정거장이 지나고 할아버지 옆에서 있던 학생이 내리는 것을 봤다. 그 학생 귀에는 이어폰이 꽂혀 있었다. 나는 순간 알려드려야 하나 하고 생각했다. 주위에 사람들이 꽤 있었지만 아무도 나서지 않았다. 나는 과제를 하면서 할아버지께서 한 번 더 물어보면 가서 알려드려야지 라고 책임을 회피해 버렸다. 하지만 내가 건대입구역까지 지하철이 갈 동안 아무 말이 없었고 나는 수업을 들으려고 지하철에서 나왔다.

수업을 들을 교실에 도착하고 나는 그 할아버지의 표정을 머릿속에서 지울 수가 없었다. 지하철 안에 있던 나를 포함한 열 명 정도의 사람들이 아무도 할아버지의 도움 요청을 받아주지 않았다. 모두 다 같은 생각이었을까?

내가 그 학생이 아니니깐 도와주지 않아도 되었던 걸까? 나는 수업 시간 내내 나의 책임회피와 용기 부족을 탓했다. 할아버지께서도 용기를 내어 옆에 학생에게 도와달라고 말했는데 아무도 그 용기에 반응하여 도와줄 용기를 못 낸 것에 대해 나는 자괴감에 빠졌다. 길을 알려주는 그 단순한 행동을 안 한다면 제노비스 신드롬 사건처럼 더 심각한 상황이 왔을 때 나는 책임을 회피하지 않고 도움을 요청하는 사람을 도와줄 수 있는 용기를 낼 수 있을지 의문이 들었다. 요즘도 한가한 지하철을 타면 이 사건이 떠올라 나에게 말한다. 다음에도 그럴 거냐고 나는 다짐한다. 용기를 내겠다고. 먼저 손을 내밀겠다고.

– 민OO(대학교 2학년)

Note

학습활동 2

조별활동

다음은 이규보의 「슬견설(蝨犬說)」이다. 이 작품과 함께 장석주 시인의 「밥」을 찾아 읽어 보고 두 작품 중 한 개를 선택하거나 두 작품 모두를 활용하여 모둠 활동을 통해 이야기를 재창작하고 주제를 만들어 보자.

슬견설(蝨犬說)

어떤 손님이 나에게 이런 말을 했다.

"어제 저녁에 아주 무섭고 끔찍한 것을 보았습니다. 어떤 못된 사람이 큰 몽둥이로 개를 쳐서 죽였습니다. 그 모습이 너무 무섭고 끔찍했습니다. 저는 마음이 아파서 참을 수가 없었습니다. 그래서 한 가지 맹세를 했습니다. 이제부터는 절대로 개나 돼지의 고기를 먹지 않겠다고요."

이 말을 듣고 나는 이렇게 대답했다.

"어떤 사람이 화로 앞에 앉아 있었습니다. 화로에서는 불이 뜨겁게 타고 있었습니다. 그 사람은 몸에 있던 이를 잡아서 불 속에 넣었습니다. 그 사람이 이를 태워 죽이는 것을 보고 나는 마음이 아팠습니다. 그래서 다시는 이를 잡지 않겠다고 맹세했습니다."

손님이 실망하는 듯한 표정으로 나에게 말했다.

"이는 아주 작고 보잘것없는 벌레입니다. 내가 본 것은 몸집이 큰 개였습니다. 그런 개가 고통스럽게 죽는 것은 불쌍한 일입니다. 그래서 당신에게 그렇게 말한 것입니다. 그런데 당신은 왜 일부러 이에 관해 말합니까? 이것은 분명히 나를 놀리는 것입니다." 손님은 화가 난 것 같았다.

나는 좀 더 자세히 말해야 할 것 같았다. "잘 생각해 보세요. 피와 생명이 있는 것은 모두 똑같습니다. 모두가 살고 싶어 하고 죽기를 싫어합니다. 사람뿐만 아니라 다른 모든 동물들도 다 마찬가지입니다. 소, 말, 돼지, 양뿐만 아니라 벌레와 개미까지도 똑같습니다. 큰 동물만 죽기를 싫어하고, 작은 동물은 죽기를 좋아할까요? 그렇지 않습니다. 그러니까 개와 이의 죽음은 같은 것입니다. 그래서 당신에게 일부러 이에 관해 말한 것입니다. 개처럼 큰 동물과 비교하기 위해 아주 작은 이를 말한 것이지요. 절대로 당신을 놀리기 위해서 말한 것이 아닙니다. 내 말을 믿지 못하겠다면, 당신의 손가락을 깨물어 보십시오. 엄지손가락만 아프고 나머지 손가락은 안 아픕니까? 그렇지 않겠지요. 한 몸에 붙어 있는 큰 부분과 작은 부분은 모두 같습니다. 모든 부분에 피와 살이 있으니까 똑같이 아플 것입니다. 그렇다면 개와 이의 죽음은 당연히 같겠지요. 개와 이 모두 자기의 생명을 가지고 있습니다. 어떻게 하나는 죽음을 싫어하고 하나는 죽음을 좋아하겠습니까?

당신은 돌아가서 조용히 눈을 감고 생각해 보십시오. 그리고 달팽이의 뿔을 소의 뿔과 같다고 생각해 보십시오. 아주 작은 새를 세상에서 가장 큰 새와 같다고 생각해 보십시오. 당신이 그렇게 생각하지 않는다면 나는 당신과 할 이야기가 없습니다. 당신이 그렇게 생각한 후에 나는 세상을 살아가는 것에 대해 당신과 이야기하겠습니다.

– 이규보, 「슬견설」, 한국어읽기연구회, 『한국의 고전수필 1』, 학이시습, 2013, 3~8쪽.

(1) 위 작품인 이규보의 「슬견설」과 장석주 시인의 「밥」 중 한 작품 또는 두 작품을 활용하여 이 시대에 맞는 이야기를 만들거나 재창작하는 과정에서 조원과 협력하면서 필요한 활동은 무엇인지 논의해 보자.

(2) 이야기의 재창작과 스토리텔링을 위해 전공이 다른 학생들끼리 어떤 이야기를 나눴는지 다른 의견이 있다면 이를 어떻게 수용하고 피드백해야 하는지 논의해 보자.

(3) 피드백을 잘 하기 위해 필요한 내용을 조사하여 피드백의 방법을 숙지해 보자.

(4) 「슬견설(蝨犬說)」과 「밥」을 읽고 느낀 점과 이를 재창작하기 위해 갖은 문제의식은 무엇이었는지 논의해 보자.

(5) 재창작을 통해 주제를 강화하고 이야기를 전달하기 위해 어떤 방법을 선택하였으며, 왜 그 방법을 선택하였는지 논의해 보자.

Note

학습활동 3

한국의 옛 이야기 「심청전」, 「홍길동전」, 「흥부놀부」 중 작품 하나를 선택하여 바꾸어야 할 부분이 있다면 어떤 내용이며, 왜 다시쓰기를 하고 싶은지, 그리고 이야기의 어떤 내용을 리메이크 하고 싶은지 생각하고 이야기해 보자.

Note

학습활동 4

다음은 삶 속의 짧은 이야기다. 완벽한 구성을 지니지 않았음에도 불구하고 한 편의 이야기로 상상되는 이유를 생각해 보자.

식당에 앉아있는 헤밍웨이에게 누군가가 여섯 단어로 소설을 쓸 수 있냐고 내기를 걸었다.

헤밍웨이는 즉석에서 냅킨에다 이렇게 적었다.

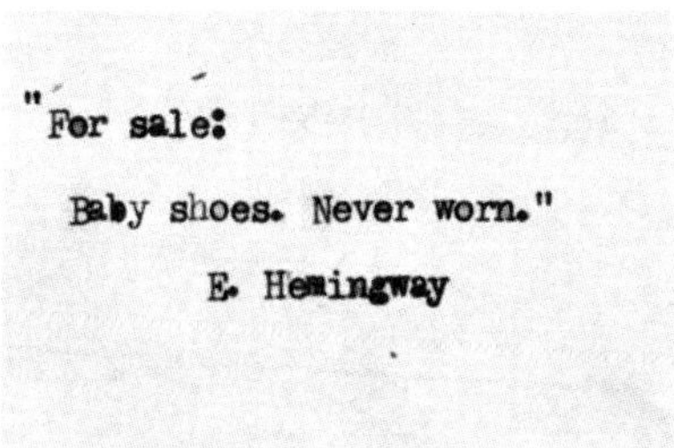
"For sale:
Baby shoes. Never worn."
E. Hemingway

학습활동 5

다음 중 한 가지 항목을 골라 그에 얽힌 이야기를 만들어 발표해 보자.

① 내 인생에서 가장 잊을 수 없는 사건

② 지금까지 살면서 가장 잊고 싶었던 실패의 순간

Note

학습활동 6

다음은 상상에 입각해 주어진 5개의 키워드를 바탕으로 만들어진 학생의 이야기이다. 키워드(키워드: 오프너(opener), 개, 스파이더맨, 진실, 무기)를 중심으로 이야기가 개연성 있게 잘 짜여 있는지 읽어 보자. 그리고 다음의 단어 중 다섯 개를 선택하여 한 편의 이야기를 만들어 보자. (창조적 사고는 서로 연결이 되지 않는 이야기와 내용을 창의적으로 새롭게 연결하는 과정에서 세렌디피티처럼 찾아온다. 창조적으로 연결된 새로운 이야기를 만들어 보자.)

무기, 수퍼맨, 행복, 오프너, 개, 질문, 모란, 아프리카, 파프리카, 거울, 아리랑, 히말라야, 윤동주, 변증법, 심청, 별, 사형, 상처, 소나기, 방광, 아버지

학생의 글

2011년 11월 24일 미 하버드대 의과대학 연구팀은 거미 독이 발기부전 치료에 탁월한 효과가 있다고 발표했다. 연구팀은 브라질산 거미에서 추출한 독을 수컷 개에 투영한 결과 왕성한 성욕을 보였다고 밝혔다. 보고서에 따르면 'CSP-WED-3'이라 불리는 이 독이 심각한 발기부전 증상을 보인 개에게 뛰어난 효과를 보였다고 했다. 학명이 '포뉴트리아'인 이 거미는 독성이 강한 것으로 널리 알려져 있다. 연구팀은 이 거미에 물린 브라질 남성들이 갑자기 발기를 일으켜 수시간 지속됐다는 보도를 접하고 개를 대상으로 실험한 경과 그 원인을 규명해 낸 것이다. 연구를 주도한 크리스 박사는 이 거미의 독이 비아그라보다 효과가 뛰어나다는 사실을 알아냈다고 말했다.

위의 기사가 발표되고 5년이 지나 지금 우리 주변에는 '거미의 독'을 복용하는 즉시 '스파이더맨'이라고 일컫는 남성들을 심심치 않게 볼 수 있다. '닫힌 사랑을 열어주는 사랑의 독'이라고 불리는 '오프너(openner)'를 복용하는 '스파이더맨'의 비율은 특히 40대 이상에서 60%가 넘는다고 한다.

그동안 30대 중반을 넘어서며 서서히 성욕이 감소하고 40대에 이르러 급격하게 체력이 저하되면서 생식본능기능까지도 상실하게 된다. 게다가 현실적으로 바쁜 사회 활동에 쫓겨서 살다가 어느 정도 안정이 된 중년이 되어서 환상적으로 꿈꾸던 기회가 찾아온다고 해도 이미 육체는 술, 담배, 스트레스로 망가진 남성의 무기는 더 이상 마음대로 말을 듣지 않는다. 하지만 '오프너(openner)'가

출시된 지 5년, 그들이 비밀무기를 장착하면서 중년 남성의 생활이 바뀌었다. 그들은 20대나 30대나 당당하게 경쟁하였으며, 에너지 충전과 건강을 위해서 더 노력했다.

일각에서는 이 '오프너'라고 불리는 거미 독은 자신감을 회복시켜주는 성분이 있는 것으로 추정되며, 발기부전 치료에 탁월한 효과가 있는 것은 아니라는 발표를 했다. 하지만 건국대학교 수의대학교 연구팀은 스파이더맨 즉 'CSP-WED-3'라 불리는 이 독이 오프너를 복용하는 남성들은 섹스에 대한 판타지를 충족시키며 점차 자신감을 회복하여 긍정적으로 사고하고, 운동하고 땀을 흘리고 매사에 밝은 모습을 유지할 수 있게 해 준 그들의 비밀무기였다는 새로운 연구발표를 했다.

아직 진실은 밝혀지지 않았지만, 이번 건국대학교 수의대학교 연구팀의 발표는 꽤나 큰 파장을 줄 것임은 분명하다.

4장

문학적 사유와 표현

4장

문학적 사유와 표현

4.1. 감수성과 앎의 세계를 새롭게 조직하다

우리는 재미있는 것을 굳이 찾아다닐 필요가 없는 시대에 살고 있다. 기술이 빠르게 진보하면서 사회 문화도 급변하고 있다. 정보처리 기술의 속도만큼이나 정보를 소비하는 사용자들의 속도도 빨라졌다. 틱톡이나 유튜브 쇼츠 등의 짧은 영상(short form)이 제공하는 재미와 정보는 순식간에 폭죽처럼 터지며 우리의 눈길을 사로잡고 시간을 삼킨다.

이런 시대에 시를 읽는다는 것은 시대착오적인 것처럼

보이기도 한다. 일단 시는 빨리 읽을 수가 없다. 시는 친절하지 않다. 다른 어떤 장르보다 시는 독자에게 인내와 수고를 요구한다. 시를 읽다 보면 너무 많은 말을 하는 것 같아 당황스러울 때가 있는가 하면 반대로 너무 적은 말로 끝나버려 황당할 때도 있지 않은가. 다른 어떤 장르보다 독자의 적극성을 요구하는 장르가 바로 시다. '목적 없이' 시를 즐길 힘과 여유가 없다면, 시는 우리에게 어렵거나 무의미하게 느껴질 수 있다.

현실에서 가장 익숙한 시라 하면 '삼행시'를 우선 떠올릴 수 있다. 삼행시는 보통 준비되지 않은 상태에서 즉흥적으로 만들어진다. 이 때문에 뜻밖의 즐거움이 솟아난다. 자연스럽게 완성된 문장이 구성되면 환호하게 된다. 그렇지만 말이 안 되는 소리가 나와도 실패는 아니다. 반대로 웃음이 터지기 일쑤다. 예능프로그램에서 예능인들이 삼행시로 시청자들을 웃게 할 수 있는 것은 즉흥적으로 이루어진 언어 조직의 의외성이 주는 재미가 있기 때문이다.

언어 조직의 의외성이 주는 재미와 쾌락, 이것이 시를

쓰거나 읽는 사람들이 누리는 즐거움이라고 할 수 있다. 물론 꼭 시에서만 이것을 느낄 수 있는 것은 아니다. 영화 속 명대사나 대중들의 뜨거운 반응을 얻는 광고 문구 등에서 탁월한 표현을 접할 때 우리는 감탄하고 때로는 감동한다. 일반적으로 생각하지 못했던 말이 발화될 때 우리는 특정한 상황과 대상을 새롭게 경험하게 되기 때문이다.

'창조적 사고와 표현'을 배우는 자리에서 시를 읽고 생각해 보고, 또 시 쓰기를 시도해 보는 작업을 하는 까닭이 여기에 있다. 새로운 감수성의 세계로 나 자신을 개방시키고 나 자신의 경험을 새로운 감수성의 세계와 접속하는 작업을 통해 세계와 나, 그리고 타자와 나와의 관계를 새롭게 구성할 힘을 기를 수 있다.

시는 낯선 언어 실험을 통해 새로운 세계를 경험할 기회를 제공한다. 시에 등장하는 비유는 하나의 이미지 혹은 시적 언어로 무언가를 빗대어 표현하는 방법이다. 비유를 통해 시인들은 구체적이고 실제적인 차원에서 새로운 경험과 앎을 조직한다. 시를 읽고 쓰는 작업을 통해 우리는 그동안 같은 것 혹은 비슷한 것이라고 여겼던 것을 다르게 경험할 수 있고, 다른 것들 혹은 무관한 것들이라고 생각해 온 것도 특정한 부분에서 연결되고 겹친다는 사실을 새롭게 발견할 수 있다. 이처럼 세계에 대한 사유와 감수성을 새롭게 구축하는 시적 · 문학적인 언어를 통해 우리는 창조적 역량을 강화할 수 있다.

Note

학습활동 1

자우림의 노래 「샤이닝」을 들어 보자. 그리고 최승자의 시 「내 청춘의 영원한」을 읽어 보자. 둘 다 젊은 날의 외로움과 불안 등을 소재로 하고 있다. 둘을 비교하면서 '시' 장르의 특성이 무엇인지 생각해 보자. 시적인 것의 능력은 무엇인지 생각을 메모하고 의견을 공유해 보자.

내 청춘의 영원한

이것이 아닌 다른 것을 갖고 싶다.
여기가 아닌 다른 곳으로 가고 싶다.
괴로움
외로움
그리움
내 청춘의 영원한 트라이앵글.

– 최승자, 『이 시대의 사랑』, 문학과지성사, 1981, 48쪽.

학습활동 2

아래 문태준의 「가재미」를 읽고 다음 질문에 답해 보자.

가재미

김천의료원 6인실 302호에 산소마스크를 쓰고 암투병 중인 그녀가 누워 있다

바닥에 바짝 엎드린 가재미처럼 그녀가 누워 있다

나는 그녀의 옆에 나란히 한 마리 가재미로 눕는다

가재미가 가재미에게 눈길을 건네자 그녀가 울컥 눈물을 쏟아낸다

한쪽 눈이 다른 한쪽 눈으로 옮아 붙은 야윈 그녀가 운다

그녀는 죽음만을 보고 있고 나는 그녀가 살아온 파랑 같은 날들을 보고 있다

좌우를 흔들며 살던 그녀의 물속 삶을 나는 떠올린다

그녀의 오솔길이며 그 길에 돋아나던 대낮의 뻐꾸기 소리며

가늘은 국수를 삶던 저녁이며 흙담조차 없었던 그녀 누대의 가계를 떠올린다

두 다리는 서서히 멀어져 가랑이지고

폭설을 견디지 못하는 나뭇가지처럼 등뼈가 구부정해지던 그 겨울 어느 날을 생각한다

그녀의 숨소리가 느릅나무 껍질처럼 점점 거칠어진다

나는 그녀가 죽음 바깥의 세상을 이제 볼 수 없다는 것을 안다

한쪽 눈이 다른 쪽 눈으로 캄캄하게 쏠려버렸다는 것을 안다

나는 다만 좌우를 흔들며 헤엄쳐 가 그녀의 물속에 나란히 눕는다

산소호흡기로 들이마신 물을 마른 내 몸 위에 그녀가 가만히 적셔준다

– 문태준, 『가재미』, 문학과지성사, 2006, 40~41쪽.

(1) 시는 이해나 해석의 대상이 아니라 경험의 대상이다. 시를 잘 읽는다는 것은 시를 탁월하게 분석해 낸다는 뜻이 아니라 시를 하나의 사건으로 경험하는 것이다. 다시 말하면 시의 세계 속에서 시를 겪는 것이다. 이는 내 감정과 사고가 작동하는 몸으로 시를 읽는 것을 뜻한다.

영화나 드라마에 빠져들 때가 있다. 일촉즉발의 순간에는 같이 숨을 죽이며 보게 되고, 긴장을 해소하는 장면에서는

마침내 한숨 돌리며 몸의 긴장이 풀기도 한다. 시를 읽을 때도 마찬가지다. 시의 상황 속에서 경험해 보지 못한 세계를 그대로 살아내는 것이야말로 가장 시를 잘 읽는 태도일 것이다. 위 시의 상황으로 들어가 보자. '그녀'와 시의 화자인 '나'는 어떤 관계로 보이는가?

(2) 시의 화자인 '나'는 어떤 감정을 느끼고 있는지 상상해 보자.

(3) 가장 인상 깊게 다가온 부분은 어디인가? 그 이유는 무엇인가?

Note

학습활동 3

내가 경험했던 특별한 순간이나 어떤 발견(깨달음)이 있었던 사건을 떠올려보고 이를 시로 만들어 보자.

(1) 몹시 힘들었던 혹은 마음이 아팠던 일, 후회되는 일, 뭔가 새롭게 시작한 경험, 영원히 기억하고 싶은 추억 가운데 하나를 떠올려 보자.

(2) 그때 나의 감정은 어떠했는지 떠올려보고, 쓰고자 하는 시의 분위기를 정해 보자.

(3) 떠오르는 단어들을 나열해 보고, 비유를 통해 보여주고 싶은 부분을 메모해 보자.

(4) 위의 작업을 바탕으로 한 편의 시를 완성해 보자.

학습활동 4

다음 시를 읽어 보자. 쌀을 씻다가 창밖을 바라보는 한 화자의 일상적인 모습에서 시작하는 이 시는 이후에 꿈 이야기로 끝이 난다. 시의 화자에게 어떤 일이 있었는지 상상해보고 이야기를 만들어 보자.

무화과 숲

쌀을 씻다가
창밖을 봤다

숲으로 이어지는 길이었다

그 사람이 들어갔다 나오지 않았다
옛날 일이다

저녁에는 저녁을 먹어야지

아침에는

아침을 먹고

밤에는 눈을 감았다

사랑해도 혼나지 않는 꿈이었다

– 황인찬, 『구관조 씻기기』, 민음사, 2012, 104쪽.

Note

4.2. 고유한 관점에서 이해의 깊이를 더하다

인터넷 공론장에서 자신이 경험하면서 느끼고 생각한 것을 글이나 말로 표현하는 것은 우리 시대에 아주 자연스러운 일이다. 인기 있는 영화나 방송 프로그램, 이슈가 된 사건과 인물, 새롭게 주목받게 된 장소 등이 궁금해서 검색하면, 이에 대한 다양한 의견들을 피력한 글을 쉽게 찾아볼 수 있다. 글에서 필자들은 직접 밝히고 있든 그렇지 않든 자신의 기준과 관점에 따라 대상을 바라보고 있으며, 그 대상에 대한 자기 이해와 해석을 밝히고 있다.

이러한 글들을 우리가 흥미롭게 읽는 까닭은 공통된 관심사이기 때문이기도 하지만 동시에 그것에 대한 접근 방식이 다르고 해석과 판단에 있어 차이가 있기 때문이다. 내가 미처 생각해 보지 못했던 것을 누군가의 글을 통해 새롭게 알게 될 때 우리는 다양한 반응을 보일 수 있다. 발견의 기쁨과 재미를 느낄 수도 있고, 혼란스러울 수도 있다. 때로는 허를 찔린 것처럼 아프기도 하고, 내가 갖고 있던 생각을 다시 검토할 수도 있다.

비평은 이처럼 대상에 대한 풍부한 해석을 가능하게 하고 이해의 깊이를 더할 수 있게끔 한다. 동시에 비평을 읽게 되면 자신이 가진 사고의 패턴 혹은 경향성 등을 깨닫는 기회를 얻을 수 있다. 자신의 사고의 한계를 자각할 수 있게 됨에 따라 자신의 시야를 확장할 필요가 있음을 인정할 수 있게 된다.

예전에는 비평의 대상이 제한적이었다. 비평할 가치가 있다고 판단되는, 완결성을 갖춘 텍스트가 그 대상이 되었다. 소위 '작품'으로 대우받는 텍스트가 비평의 대상이 될 영광을 누렸었다. 그러나 이제는 비평의 대상이 아닌 것을 찾기 어려울 정도다. 대중문화 비평가, 대중음악 비평가, 정치 비평가, 문학 · 문화 비평가 등 비평가라는 말 앞에 어떤 분야가 들어가도 이상하지 않다. 다시 말하면 비평의 대상이 되는 텍스트는 예술 작품의 범주 즉 문학, 음악 미술, 건축, 무용, 영화, 사진 등의 완결된 텍스트를 넘어서 우리가 겪는 사회문화적 현상 전반으로 확장되었다고 할 수 있다.

텍스트를 해석하고 평가하여 그 의미와 가치를 밝히는 작업인 비평을 창조적 사고와 표현 시간에 배우는 까닭은 무엇일까. 이를 성찰과 소통, 그리고 실천의 차원에서 생각해 볼 수 있다. 독자적으로 성찰하고 소통과 실천의 다양한 가능성을 탐색하는 과정은 나의 삶과 공동체의 미래를 창조적으로 디자인하는 일이다.

우선 비평적 글쓰기를 할 때 우리는 다차원적인 성찰을 하게 된다. 대상이 되는 텍스트 자체에 대한 성찰뿐만 아니라 자신의 경험과 세계관에 대한 회의와 성찰이 가능해진다. 또한 텍스트가 놓이는 자리, 다시 말하면 역사적인 흐름과 동시대적인 사회문화적 조건들도 고려할 필요가 있다. 이러한 성찰의 과정을 통해 완성된 비평문은 필자의 독자적인 해석의 깊이와 안목을 드러내 보임으로써 기존의 일반적이고 보편적인 사유의 틀을 다시 생각해 볼 것으로 만들기도 한다. 이때 새로운 소통의 장이 열린다. 차이가 생성되고 새로운 질문을 불러낼 수 있기 때문이다. 이러한 과정은 미래의 관점에서 생각해 볼 부분을 제시하기도 하고 공동체의 문제, 즉 책임과 윤리 그리고 정치에 관한 사유와 연결되기도 한다. 이처럼 비평은 어떤 현실 문제에 관한 실천적인 방안을 모색하는 작업이기도 하다.

마사 누스바움은 『학교는 시장이 아니다』(92-97쪽)에서 스스로 생각하고 논쟁하는 능력이 오늘날 많은 이들에게는 없어도 좋은 무언가로 받아들여지는 현실을 우려한다. 그에 따르면 스스로 생각하고 논쟁하는 능력을 갖추지 못했을 때 목표를 설정하는 데 어려움을 겪게 되고 중대한 문제들을 자각하지 못하게 된다. 또한 남의 말에 너무 쉽게 휘둘리게 되며, 권위와 압박에 순종적 태도를 보일 수 있다고 경고한다. 자신의 목표를 설정할 수 없고, 현실에서 중요한 문제가 무엇인지 분별할 수 없기에 외부의 목소리에 휩쓸려 버리는 사람을 상상해 보자. 누구도 그런 사람이 자신이길 바라지는 않을 것이다. 이 장에서는 비평적 글쓰기를 통해 자신의 관점에서 문제를 새롭게 인식하고 문제해결의 방식을 다각도로 모색하는 방법을 배워보고자 한다.

학습활동 1

다음은 영화 〈범죄도시〉 시리즈가 인기를 끄는 현상에 대한 비평문이다. 비평은 대상에 대한 필자의 고유한 관점을 드러내 보이며 새롭게 사유할 부분들을 제시한다고 할 때, 이 비평문을 통해 새롭게 생각해 보고 싶은 부분이 있다면 무엇인지 써 보자.

매끈한 것들, '〈범죄도시〉 현상'에 대한 소고

이 지면에서 몇 차례 언급했듯 '매끄러움'은 글로벌 자본주의의 상징적 현상이다. 유튜브와 넷플릭스는 전세계 시민들을 동일한 인터페이스로 끌어들인다. 언어와 문화가 다른 수십억 인구의 손가락이 비슷비슷하게 움직인다. 전세계 누구나 쉽게 이용할 수 있도록 하겠다는 글로벌 기업의 설계는 매끈한 사용자 경험을 향해 최적화한다. 손가락 밑 터치스크린 기기들의 모양새는 비슷해지다 못해 제조사를 구분하기도 어려울 정도다. 피처폰은 물론 스마트폰 초기 시절만 해도 제각각이던 휴대전화기 디자인은 매끄러움의 극단으로 수렴하고 있다. 세계 어느 도시에 가든 글로벌 직영 커피숍과 프랜차이즈 매장이 늘고 있다. 그곳에서 우리는 가게 분위기나 음식 맛을 탐색할 필요는 없다. 거침없이 입장해 스스럼없이 주문하면 예상된 서비스가 제공된다. 매끈해져가는 이용자 패턴 앞에서 국경도, 문화도, 개인의 특성도 경계를 지운다. 매끈함은 시각 · 촉각적인 것에만 국한되는 말이 아니다. 우리가 느끼는 아름다움, 환경이 강제하는 행동, 생활양식과 그에 따른 인식까지를 아우른다. 여기에는 대가가 따른다.

매끈함의 뒤편

언제 어디서든 골라 볼 수 있는 수백만 편의 콘텐츠들 뒤편에는 승자독식과 무한경쟁의 알고리즘이 감춰져 있다. 그것들은 당신에게 개별 맞춤 서비스를 제공하는 것 같지만 연령과 성별, 취향과 행적 등에 의해 당신과 유사한 패턴의 수만명을 한 묶음으로 카테고리화해놨을 뿐이다. 중앙아프리카의 배터리 원자재 채굴 회사가 벌이는 노동 착취는 터치스크린 밑에 숨겨진다. 글로벌 프랜차이즈 점원의 고된 감정은 엄격한 매뉴얼 뒤에 가려진다. 숨기고 제거하고 범주화함으로써, 매끄러움은 값을 치른다. 흔한 액션영화들의 현란함은 얼핏 매끄러움과 거리가 있는 듯 보이지만, 대개는 고도의 노하우로 매끈하게 상품화한 것들이다. 슈퍼히어로영화는 수십채의 건물을 손쉽게 무너뜨리지만 그 안에 있었을 수천명의 시신과 피와 살은 화면에서 제거된다. 최근 10여년 사이 한 차원 도약한 한국 격투 액션의 테크닉을 보자. 세계 최고 수준으로 쌓아

올린 한국 제작진의 기술력이 담겨 있음을 부인할 수 없다. 순식간에 상대방의 급소 서너곳을 찌르는 칼잡이의 손놀림, 실감나게 피를 내뿜는 피부, 물리 법칙을 거스르는데도 그럴듯하게 나동그라지는 신체들의 움직임은, 영화적으로 불필요한 요소를 살뜰히 발라낸 다음 잔혹성의 정도를 최적화한 상품 이미지다. 그래서 "오늘날에는 아름다움뿐 아니라 추(醜)도 매끄러워진다. 오락산업이 추를, 역겨움을 착취한다. 그것들을 소비 가능한 것으로 만든다. 역겨운 것이 소비에 맞는 형태로 윤색된 것이다"(한병철, 「아름다움의 구원」). 이렇게 기획된 매끄러움은 익숙한 성공을 좇아 낯선 것의 반대편으로 향한다.

〈범죄도시〉 시리즈에 예술적 깊이가 없다거나 극 중 범죄자의 인권도 고려해야 하는 것 아니냐는 타박을 늘어놓으려는 게 아니다. 그런 얘기는 무엇보다, 결과적으로 무의미하다. 우리가 짚어야 할 점은 한편의 경찰영화가 개봉 일주일 만에 한국 인구의 10%를 모으고 관람가 인구 대비 약 30%인 1천만 관객 동원이 확실시되는 현상의 동인을 정확히 들여다보는 일일 것이다. 〈범죄도시〉 시리즈는 두 가지 측면에서 관객에게 안심을 준다. 첫째, 처음 방문한 해외 도시에서 스타벅스를 찾았을 때 예상되는 서비스처럼 경험이 검증한 매끄러움이 우리를 안심시킨다. 둘째, 제 역할 하는 공무원 혹은 강력한 공권력을 볼 때 최근의 한국인은 한결 더 안심하는 듯 보인다. 불공정 사회에서 공정 담론이 유행하듯 안심의 수요는 불안 사회에서 높아지게 마련이다. 그 안심을 위해 각종 고문이 용인된다. 마석도 형사(마동석)가 장이수(박지환)의 성기를 부여잡거나 초롱이(고규필)를 때려눕힐 때, 혹은 나이트클럽 사장들에게 진행비를 뜯어낼 때의 행위들은 유머로 포장된다. 자칫 잔혹하거나 역겨울 수 있는 것들도 눈 녹듯 매끈해진다. 〈범죄도시〉 시리즈를 '슈퍼히어로가 악당을 물리치는 오락영화로서 준수한 편이며, 다만 반복되는 패턴이 우려스럽다'는 대체적인 평가를 정리하려면 이를 가능케 하는 요소를 짚어야 할 것이다. 그 핵심이 인물 구성이다.

성공 모델

〈공공의 적〉(2002)의 강철중(설경구)은 권투 은메달리스트 출신의 강력반 형사다. 법보다 주먹이 우선이다. 상대는 공공의 적이기 때문에 어떤 폭력도 인정된다. 그렇게 "나쁜 놈은 잡는 것"을 선언하고 저돌적으로 질주한다. 이 과정에서 '잔챙이' 범죄자를 붙잡아 고문하고 협조를 얻어낸다. 안수(이문식)와 용만(유해진), 대길(성지루) 등이 그의 물리력과 공권력 앞에 꼬리 내리고 수사를 돕는다. 당시 단역급 배우였던 이문식, 유해진 등이 약방에 감초 같은 유머로 대중에 얼굴을 각인시켰다. 강력반장(강신일)은 시종

핀잔을 늘어놓지만 필요한 순간에는 강철중을 위해 규정도 거스를 수 있는 든든한 우군이다. 정보과 출신 막내(김정학)가 강철중을 따르며 지원한다. 〈범죄도시〉 시리즈에서 '팀 마석도'의 서장, 반장, 팀원들이 이 구도에 올라탔다. 배우 박지환, 고규필 등이 이문식과 유해진의 대를 잇는 캐릭터다. 역시 출연 후 인기가 급상승했다. 올해 속편이 공개되는 경찰 액션 〈베테랑〉(2015)은 서장–반장–주인공–팀원 라인의 남성 연대가 한층 두드러진 사례로, 유머 담당 범죄자–극악무도 빌런–충직한 수하로 그어지는 라인이 익숙한 트랙을 만든다. 이 구도에는 원형이 있다. 감독 류승완이 부단히도 빌려 쓰는 성룡의 작품들이다. 슈퍼캅 액션으로서 〈폴리스 스토리〉 시리즈는 그 교과서적 모델이다. 〈폴리스 스토리 2: 구룡의 눈〉(1988)의 후반부, 경찰 상황실과 현장을 무전 연결하며 이뤄지는 팀플레이는 이후 경찰영화들이 줄기차게 차용해 〈범죄도시 4〉에까지 이어졌다. 언급된 작품들 모두 시리즈 1편에서 주조연 캐릭터 빌드업에 각별히 공을 들여 흥행에 성공한 사례들이다.

이 가운데 〈공공의 적〉 1편과 〈범죄도시〉 시리즈에 여러 차례 보이는 공통점들을 눈여겨보자. 범죄조직원들뿐 아니라 휘발유(윤병희), 자동문(신현용) 등 나이트클럽 예명으로 등장하는 여럿이 마석도를 돕는다. 특기할 점은 이들 대다수가 지역 방언을 쓴다는 점이다. 〈공공의 적〉의 이문식과 유해진이 소화한 개성 넘치는 사투리를 포함해, 강철중에게 얻어맞고 설설 기는 범죄자들 모두가 방언 사용자다. 마석도의 조력자들은 중국 동북부 지역부터 경상남도에 이르기까지 그야말로 출신 지역의 다양함을 자랑한다. 이번 4편에서 진행비를 대는 나이트클럽 사장들은 충청도 출신이다. 마석도의 부하 경찰은 전부 서울말을 쓰는데, 제도권 밖 조력자들의 대사는 사투리다. '조폭=지방 출신'이라는 한국영화의 이같은 양식화는 언어사회학에서도 관심 갖고 있는 테마이거니와, 당신이 한국영화를 볼 때 폭력배들의 사투리 대사에서 이질감을 느끼지 못했다면 이 글의 주제인 매끈함과 관련해 좀더 심사숙고해야 할 사안으로 보인다. 문화상품의 어떤 양식화는 우리 인식을 매끈하게 만들고 있는지도 모른다.

반복과 누적의 차이

시리즈 1편의 중국 동포, 2편의 베트남 공안, 3편의 일본 야쿠자 및 중국 마약조직에 이어 4편에서 한국 경찰 지휘에 따라 움직이는 필리핀 경찰관들까지를 이어보자. 할리우드가 제3국을 다루는 태도, 나아가 제국의 욕망이 아른거린다(2편을 미러링해 미국 형사가 한국에 도피한 미국인 범죄자를 잡겠다고 한국 경찰의 지시는 아랑곳 않은 채 서울에서 기물을 파손하고 다니는 영화를 상상해보자). 1편 장이수의 첫 등장 장면에는 그의 명패가 한자로 써 있다.

'長夷帥', '오랑캐 이'에 '우두머리 수'다(중국 동포를 '오랑캐 두목'이라고 일컫는다면 혐오 표현에 해당한다). 이 영화에서 중국 동포 출신 조폭은 물리칠 상대이거나 이용할 대상인 반면 한국 조폭 황 사장(조재윤)은 피해자다. 마석도는 황 사장에게 방검복을 챙겨준다. '조폭 타자화'에도 차별이 있는 셈이다. 장이수는 2편에 이어 4편에서도 경찰로 위장해 작전에 투입된다. 그렇게 위험천만한 일에 사용된 다음 버려진다. 이게 영화의 엔딩이다. 관객들이 웃는다. 다시 한번, 후련하게 나쁜 놈 때려잡는 오락영화에 뭘 이렇게까지. 문제는 이야기를 기획 상품화하는 과정에서, 대개는 제작진이 의도하지 않은 채 뭔가가 가려지거나 숨겨지거나 제거된다는 점이다.

할리우드 슈퍼히어로 프랜차이즈들은 세계 경찰을 자처하는 미국 자체를 성찰하는 경우가 적지 않다. 마블 시네마틱 유니버스(MCU) 시리즈는 도시 전체를 때려부수는 이미지의 매끈함에 대해 나름의 고민을 담으려 애쓰는 모습을 보여왔다. 〈캡틴 아메리카: 시빌 워〉(2016)에서 어벤져스 멤버들을 괴롭히는 건 빌런이 아니라 자신들의 폭력이다. '소코비아 사태'로 자식을 잃은 어머니가 토니(로버트 다우니 주니어)를 찾아와 비난한다. "우릴 위해 싸운다고? 당신 자신을 위해 싸우는 거겠지." 어벤져스는 절대악에 맞선 자신들의 활동이 또 다른 폭력을 불러 복수의 악순환을 가져

오는 문제로 고뇌한다. 그렇게 시리즈 회차를 거듭할수록 플롯의 반복이 아닌 서사에 층을 쌓아가면, 관객 감상에 얹히는 레이어도 두툼해질 수 있다. 〈폴리스 스토리〉 시리즈에서 진가구(성룡)가 맞는 위기는 '이번 사건에서 손 떼'라는 상부의 손쉬운 설정이 아니다. 보다 조직적인 악당의 계략에 의해 스스로 모순을 풀어야 하는 과제를 해결해나간다. 8편까지 활약을 예고한 마석도 형사가 다음에는 남아시아 어딘가로 관객을 데려가 안내하는 곳이 현지인만 아는 맛집일까, 아니면 스타벅스일까. 반복과 누적은 다르다는 것을 제작진은 고민해줬으면 한다.

– 송형국, 「매끈한 것들, '〈범죄도시〉 현상'에 대한 소고」,
『씨네21』 1455호, 2024. 5. 14.

Note

학습활동 2

다음 글은 K팝과 팬덤문화에 관한 비평문이다. 이 글을 읽고 이 비평문의 장점이 무엇인지 생각해보자.

걸 그룹은 연애도 허락받아야 하나 …… 극성 팬덤에 기댄 K팝

지난달 27일 4세대 인기 걸그룹인 에스파의 멤버 카리나와 배우 이재욱과의 열애 기사가 나왔다. 보도 후 양측 모두 열애를 인정하자 일부 팬들은 당혹스럽다는 입장을 보였다. SNS에서는 '카리나 블루(우울감)'를 호소하는 글이 잇달아 올라왔고, 일각에서는 "그룹의 리더인데 신중하지 못했다" "데뷔한 지 3년이 막 지났는데 벌써 열애설인가" 등 아쉽다는 반응이 올라왔다.

팬들의 불만은 가라앉지 않았다. 급기야 중국 팬으로 추정되는 사람들이 카리나의 소속사인 SM엔터테인먼트 사옥 앞으로 '팬들을 배신했다'며 카리나의 사과를 요구하는 트럭시위를 벌였고, 이어서 일부 한국 팬도 열애설 논란에 대한 당사자의 침묵을 질타하는 내용의 트럭시위를 벌였다.

시위 직후 카리나는 3월 5일 인스타그램에 자필 사과문을 올렸다. K팝의 인지도가 전세계적으로 확산된 만큼 논란은 BBC와

CNN 등 외신에도 보도됐다. 동아시아권 팬덤 문화가 생경한 서구권 외신은 'K팝 스타는 연애도 허락받아야 하는가'라며 이해하기 어렵다는 논조로 이번 논란을 보도했다.

과거 1~3세대 아이돌 그룹에서도 심심찮게 열애설이 터져 나왔지만 '트럭시위급'의 논란으로 번지지는 않았다. 연예인의 사생활에 대한 존중 의식이 높아진 지금 이 시점에 카리나 열애 보도가 이토록 격정적인 반응을 불러일으키는 것이 당황스럽다는 반응도 적지 않다. 여기에는 여러 가지 배경이 있다.

카리나의 교제 소식에 허탈감을 보인 팬들이 내비치는 생각은 '시기상조'론이다. '한창 성장해야 할 걸그룹이 첫 정규 앨범 출시와 월드 투어를 앞두고 논란을 터뜨린 것'에 아쉬움의 초점이 맞춰져 있다. 카리나가 소속된 에스파는 걸그룹 최다 초동(첫주) 판매 기록(169만 장)을 갖고 있다. 그런데 4세대 걸그룹 경쟁이 격화되면서 다른 그룹에 밀려날 것이라는 위기 의식도 작동했다. 중대 사건이 일어났음에도 열애설 보도에 1주일 늦게 반응했다는 점도 팬들의 주된 질타 지점이었다.

여기서 엿볼 수 있는 건 현재의 아이돌 팬덤 문화가 단순히 '자기만족적 소비'에 그치지 않는다는 것이다. 아이돌 팬들은 소속사 못지 않게 음원 성적, 앨범 판매량, 해외 흥행 등의 '실적'에 민감하게 반응한다. 앨범을 수십~수백 장씩 사고 각종 굿즈를 구매한다. 차트 순위를 올리기 위해 음원 사이트나 유튜브에서 신곡을 계속 스트리밍한다. 이번 열애 사건에 대한 팬들의 반발은 중요 시즌을 앞두고 스캔들을 일으킨 선수를 질타하는 스포츠 팬덤에 비견될 수 있다.

중앙일보 유료화서비스 '더중앙플러스'의 기획 시리즈인 '걸그룹, 여덕을 홀리다'가 지적했듯, 아이돌 팬덤은 여성이 주도한지 오래다. 과거 오빠부대와 달리 이제 걸그룹도 주된 응원의 대상이다. 페미니즘의 성장과도 무관치 않다. 이들의 팬심에는 단순한 유사 연애감정을 넘어 응원하는 아이돌의 성공신화를 소비하고 싶다는 욕구가 자리 잡고 있다. 블랙핑크가 보여주었듯 K팝 그룹의 성공은 세계적 수준으로 확대됐다.

따라서 이들의 눈에 카리나의 열애 보도는 단순한 '사생활' 문제가 아니라, 함께 감동적인 성공신화를 써 내려가고자 하는 공동의 환상을 무너뜨린 사건으로 비춰진 것이다. 상업적 성공과 자기계발에 대한 강박이 만연한 한국 사회의 씁쓸한 단면이라 할 수 있다.

아이돌 팬덤이 갖는 경쟁 심리는 남성 팬들이 많은 확률형 아이템 게임(가챠 게임)에서도 엿볼 수 있다. 게이머들은 매출 순위라든지, 인기 캐릭터의 과금 실적에 촉각을 곤두세운다. 게임에서 내가 좋아하는 미소녀와 내밀한 관계를 구축하기 위해 돈을 쓰는 게 필수이며, 이것이 게임산업의 비즈니스 모델로 자리 잡았다. '과금

러' 역시 게임산업을 지탱하는 핵심 소비자로 인식된다.

아이돌 산업에서도 동경하는 스타의 메시지를 1대1 채팅방으로 수신하고 답장을 보낼 수 있는 구독형 메시지 서비스가 확산됐다. 팬사인회에 응모하기 위해 앨범을 대량 구매하기도 한다. 스타와 팬 간의 소통에 과금적 요소가 강화된 셈이다. 이렇다 보니 '찐팬'을 자부하는 팬덤 사이에는 일종의 '주주의식'이 강화되는 경향이 있다.

당연히 내가 좋아하는 캐릭터나 가수도 누군가에게 연애 감정을 품을 수 있다. 그러나 중요한 것은 그것을 자유로운 상상의 영역으로 남겨야 한다는 것이다. 그런 개별적 환상에 대한 몰입을 지탱하기 위해서라도 표면적으로 '성장'과 같은 '공동의 대의'를 지향한다는 식의 중립적 방향 설정이 필요하다. 일부 카리나 · 에스파 팬들이 견디기 어려웠던 것은 그런 공식 설정의 붕괴, 게임에 비유하면 일종의 '캐릭터 붕괴'였을 것이다.

현실적으로 K팝 산업의 급속한 성장은 과몰입 없이는 불가능하다. 제한된 내수시장 탓에 소수 열성 팬덤의 구매력에 의지하게 됐다. 그럼에도 사생활 논란으로 상처받는 '실존하는 개인'을 망각해서는 안 된다. 아무리 거대한 문화산업이어도 '자유로운 개인'을 존중해야 더욱 풍요로운 결실을 맺을 수 있다. 이번 사태는 급속한 성장을 한 K팝 산업에 물음을 던진다. 게임이나 영화 프롤로그를 보면 '실제 일어난 일에 영감을 얻었을 뿐 기본적으로 허구의 창작물'이라는 문구를 쉽게 볼 수 있다. K팝 산업에서도 가수가 상징하는 캐릭터와 살아 숨쉬는 개인을 분리하는 '메타 인지'가 필요하지 않을까.

– 박가분, 「걸그룹은 연애도 허락받아야 하나 …… 극성팬덤에 기댄 K팝」, 『중앙일보』, 2024. 3. 13.

Note

학습활동 3

비평적 글쓰기에서 텍스트를 읽을 때 중요한 것 중 하나가 질문 능력이다. 텍스트의 내용이나 형식과 관련된 질문을 할 수도 있고 텍스트를 대하는 나의 반응에 대해 질문할 수도 있다. 역사적 혹은 시대적인 차원에서 바라볼 때 생기는 의미에 물음표를 달 수도 있고, 텍스트가 수용자들 사이에서 수용 · 소비되는 방식 등에 의문을 제기할 수도 있다. 처음에는 떠오르는 질문과 현재적 나의 관심사를 연결하는 작업을 수행하고, 이어서 내가 잘 시도하지 않는 범주의 질문을 의식적으로 해나가는 연습이 도움이 될 수 있다.

시 「슬픔이 없는 십오 초」를 읽고 떠오르는 질문들을 적어보고 또 그 질문에 대한 대답을 자유롭게 서술해 보자.

슬픔이 없는 십오 초

아득한 고층 아파트 위
태양이 가슴을 쥐어뜯으며
낮달 옆에서 어찌할 바를 모른다
치욕에 관한 한 세상은 멸망한 지 오래다

가끔 슬픔 없이 십오 초 정도가 지난다
가능한 모든 변명들을 대면서
길들이 사방에서 휘고 있다
그림자 거뭇한 길가에 쌓이는 침묵
거기서 초 단위로 조용히 늙고 싶다
늙어가는 모든 존재는 비가 샌다
비가 새는 모든 늙은 존재들이
새 지붕을 얹듯 사랑을 꿈꾼다
누구나 잘 안다 이렇게 된 것은
이렇게 될 수밖에 없었던 것이다
태양이 온 힘을 다해 빛을 쥐어짜내는 오후
과거가 뒷걸음질 치다 아파트 난간 아래로
떨어진다 미래도 곧이어 그 뒤를 따른다
현재는 다만 꽃의 나날 꽃의 나날은
꽃이 피고 지는 시간이어서 슬프다
고양이가 꽃잎을 냠냠 뜯어먹고 있다
여자가 카모밀 차를 홀짝거리고 있다
고요하고 평화로운 듯도 하다
나는 길 가운데 우두커니 서 있다
남자가 울면서 자전거를 타고 지난간다

궁극적으로 넘어질 운명의 인간이다
현기증이 만발하는 머릿속 꿈 동산
이제 막 슬픔 없이 십오 초 정도가 지났다
어디로든 발걸음을 옮겨야 하겠으나
어디로든 끝간에는 사라지는 길이다

— 심보선, 『슬픔이 없는 십오 초』, 문학과지성사, 2008, 20~21쪽.

Note

학습활동 4

조별활동

평범하고 사소하게 보이는 것에서 특별한 의미와 가치를 발견하게 하는 영화, 드라마, 문학 텍스트를 찾아보고 그것의 방법 및 전략에 관해 이야기해 보자. 공유할 내용을 정리하면 다음과 같다.

(1) 텍스트에 대한 기본 정보와 전체적인 감상평을 말한다.

(2) 나에게 유의미하게 경험된 부분을 밝히고 이유를 설명한다.

(3) 이 부분에 대한 장치들(편집, 공간과 시간의 배치와 디자인, 대사 등)의 특성을 공유한다.

학습활동 5

조별활동

복수를 테마로 하는 한국의 영화나 드라마들이 많다. 텍스트를 선택하고 다음과 같은 과정을 거쳐 비평문을 써 보자.

(1) 복수 이야기와 연결할 수 있는 사회적 화두나 현상으로 어떤 것이 있는지 떠올려 보자. (사회에 만연한 분노와 혐오의 정서, 공정성의 문제, 미진한 공적 처벌의 문제 등)

(2) (1)에서 생각한 사회적 화두나 현상과 관련해서 책과 논문, 기사 등을 검색하여 연결되는 키워드를 수집하자.

(3) (1), (2)를 통해 비평문의 개요를 작성해서 조원들의 의견을 청취한 후 비평문을 완성해 보자.

부록

부록

보고서 작성법

대학은 학문 연구를 목적으로 하는 공적 기관이다. 대학 생활에서 학문 연구의 기초가 되는 보고서 작성은 매우 중요하다. 보고서는 어떤 문제나 사건에 대한 관찰이나 조사, 실험, 연구한 내용을 정리한 글을 말한다.

표지 → 목차 → 본문(서론-본론-결론) → 참고 문헌

보고서의 종류에는 학습보고서나 답사보고서, 조사보고서, 실험보고서, 학술보고서 등이 있다. 우리는 여러 종류의 보고서를 정확하게 작성하는 법을 배울 필요가 있다.

(1) 보고서의 개념

보고서(report)는 어떤 문제에 대해 연구한 내용을 정리한 것이다. 논문이 논리적 일관성을 갖고 일정한 체계와 치밀한 논증 등이 요구되는 독창적인 글이라면, 논문에 준해서 작성하는 학술 보고서는 조사 또는 실험한 내용을 정리하고 분석, 요약하는 글의 형태이다. 학술보고서는 학문 연구의 기초가 된다.

(2) 보고서의 작성

학술 보고서의 작성은 '주제(문제)의 설정 → 자료 수집 → 개요 작성 → 초고 집필 → 퇴고'의 과정을 거친다.

문제 설정	→	자료 수집	→	개요 작성	→	초고 집필	→	퇴고

① **문제 설정**(주제 설정): 문제 설정은 보고서를 작성할 때, 가장 먼저 하는 작업이다. 문제 설정이란 '무엇에 대해 쓸 것인가'를 정하는 것이다. 이 과정에서 '무엇'에 관한 것인지를 명확하게 밝혀주어야 한다. '무엇'이 명확하게

제시되지 않을 경우, 보고서의 주장이 흐려진다.

② **자료 수집:** 자료 수집은 문헌을 통한 자료 수집이나 설문을 통한 자료 수집, 측정이나 실험을 통한 자료 수집, 답사나 면접을 통한 자료 수집 등의 여러 가지 방법이 있다. 이 과정에서 충분한 자료 수집이 필요하다. 학술 보고서를 작성할 때 자료 수집은 객관성을 확보하기 위한 것이다.

③ **개요 작성:** 개요 작성은 보고서를 본격적으로 작성하기 위한 마지막 단계이다. 주제(문제)를 해결하기 위한 보고서의 구성이나 수집된 자료의 선택, 근거와 주장 등을 완전한 형태의 간결한 문장으로 정리한다.

④ **초고 집필:** 초고 집필은 작성된 개요에 근거하여 보고서를 작성하는 과정이다. 자료의 정확성과 신뢰도를 확보해야 하며, 인용과 주장을 명확히 구분해야 하며, 정확한 주석 작업도 필요하다.

⑤ **퇴고** : 보고서를 작성할 때는 철저한 퇴고 작업을 거쳐야 한다. 보고서에 사용된 개념과 용어의 쓰임새나 정확한 표현과 바른 문장, 문단의 적절한 구성, 정확한 근거에 의한 타당한 주장, 주석과 참고 문헌 등을 세밀하게 검토해야 한다. 여러 번의 퇴고 작업은 보고서의 완성도를 높여준다.

⑥ **참고:** 학술 보고서를 작성할 때 표현상의 유의점은 다음과 같다. ㉠ 보고서의 서술어는 '-합니다. - 입니다.'와 같은 존대체 어미를 쓰지 않고, '-하다, -이다'와 같은 평어체 어미를 쓴다. ㉡ 특정인 지칭인 '-님, 선생님, 교수님'과 같은 표현은 쓰지 않는다. ㉢ 1인칭 대명사 '나'를 쓰지 않고, '필자, 연구자' 등을 쓴다. ㉣ '대단한, 퍽, 아리송하다, 슬프다, 안타깝다, 기쁘다' 등의 애매한 표현이나 감상적 표현은 쓰지 않는다.

(3) 보고서의 체제와 형식

학술 보고서의 체제는 '표지 → 목차 → 본문(서론-본론-결론) → 참고 문헌(자료)' 순으로 구성된다. 학술 보고서는 표지와 목차를 작성한 후, 필자만의 명확한 문제의식을 갖고 3단 구성(서론-본론-결론)의 형식으로 기술된다. 또한 인용과 주장을 명확하게 구분해야 하며, 정확한 각주와 참고 문헌을 작성해야 한다.

① 표지

[표지 분리형]

보 고 서

혜겔 역사철학의 근본 문제

수강과목:
담당교수:
소속학과:
학 번:
제 출 자:
제 출 일:

[표지 일체형]

수강과목:
담당교수:
소속학과:
학 번:
제 출 자:
제 출 일:

혜겔 역사철학의 근본 문제

임○○

〈차례〉
1. 서론
2. 혜겔 역사철학의 문제
……
5. 결론
참고 문헌

1. 서론

혜겔의 역사철학의 근본문제는 ……

표지에는 '제목, 수강과목, 담당교수, 소속학과, 학번, 제출자, 제출일' 등을 정확하게 기재한다. 참고로 불필요한 사항 및 화려한 장식은 삼가는 것이 좋다.

② 목차

목차(차례)는 보고서 내용의 순서를 알려주는 부분이며, 보고서 전체에 대한 이해를 돕는 역할을 한다.

③ 본문

본문은 3단 구성(서론 + 본론 + 결론)으로 이루어진다. 서론은 전체 보고서의 15~20% 정도가 적당하며, 본론의 분량은 70% 내외로 작성하면 좋고, 결론은 서론과 비슷하거나 약간 적게 기술하는 것이 적절하다.

㉠ 서론: 독자의 주목을 끌어라

서론은 보고서 전체를 안내하는 단계이다. ⓐ 서론에는 보고서의 목적, 문제 제기, 연구의 방법 등을 제시한다. 연구 문제를 제시할 때에는 지나치게 상세한 내용을 설명

이광수 『무정』의 인물과 시대인식 고찰

한○○

〈차례〉

1. 서론

춘원 이광수의 『무정』은 한국문학사에서 독보적인 위치를 차지하는 장편소설이다. ……

2. 『무정』의 인물 분석

이광수 『무정』의 첫 문단은 경성학교 영어 교사 이형식이 김선형의 집으로 가는 장면에서 시작된다.

……

5. 결론

이 글은 이광수의 장편소설 『무정』에 나타난 인물과 사건, 시대인식을 고찰했다. ……

참고 문헌

1. 논문
이광호, 「이광수 소설의 '시선 주체'와 문학사적 의미」, 『한국문예창작』 25, 2012. 8.
……

2. 단행본
박헌호 편, 『센티멘탈 이광수』, 소명출판, 2013.
……

하기보다는 일반적인 소개를 하는 것이 좋다. 또한 ⓑ 보고서의 주제와 관련된 과거의 연구를 간략하게 제시한다. ⓒ 특수한 용어를 설명하거나 기본 자료를 제시하고 수집 방법을 밝힌다. 마지막으로 ⓓ 서론은 간략하고 명확하게 기술하는 것이 바람직하다.

ⓛ 본론: 탄탄한 논거를 바탕으로 주장하라

본론은 서론에서 제기된 문제를 논증함으로써 보고서의 목적을 달성하는 과정을 보여주는 단계이다. ⓐ 본론에는 서론에서 밝힌 연구의 방법에 따라 수집된 자료의 정확성과 신뢰성을 확인해야 한다. ⓑ 이렇게 확인된 자료를 분석하여 체계적인 기준에 따라 정리해야 한다. ⓒ 분석되고 정리된 자료를 근거로 삼아 객관적 주장에 도달함으로써 서론에서 제기된 문제에 대한 해답을 제시해야 한다. 마지막으로 ⓓ 자신의 주장과 다른 사람의 의견을 구분해서 제시해야 한다. 즉, 적절한 인용이 필요하다.

ⓒ 결론: 주장을 요약하고 새로운 문제를 제기하라

결론은 보고서 전체를 마무리하는 단계이다. ⓐ 결론에는 본론에서 전개한 논의를 요약하고, 필자의 주장을 최종적으로 확인하고 종합해야 한다. ⓑ 이와 함께 가능한 한 자신의 보고서에서 해명하지 못한 문제들을 밝혀두는 한편, 새로운 연구 방향을 제시해 주기도 한다.

④ 참고 문헌

참고 문헌란은 본문에서 인용한 자료나 보고서를 작성하는 과정에서 참조한 자료를 일목요연하게 정리하여 제시하는 부분이다. 참고 문헌란은 기본 자료와 논문, 단행본 등으로 구분하거나 국내 문헌과 국외 문헌으로 구분하여 정리한다. 참고 문헌란을 작성할 때에는 정확하게 정리할 필요가 있는데, 참고 문헌란을 통해 보고서의 질적 수준을 간접적으로 가늠하는 경우도 있다. 하지만 필자가 자신의 독서 범위를 과장하기 위해 전혀 보지 않은 자료들까지 고의적으로 적어서는 안 된다.

참고 문헌

1. 국내 문헌
김윤식, 『이광수와 그의 시대』, 한길사, 1986.
서영채, 「이광수, 근대성의 윤리」, 『한국근대문학연구』 19, 2009. 4.
……

2. 국외 문헌
Hughes, T., 나병철 역, 『냉전시대 한국의 문학과 영화』, 소명출판, 2013.
Wellek, R., Warren, A., *Theory of Literature*, New York: Hartcourt, Brace & World, 1949.

⑤ 인용과 주석

학술 보고서를 작성할 때에는 자신의 독창적인 주장과 인용한 부분을 명확히 구분해서 밝혀야 한다.

인용(引用): 학술 논문을 쓸 때에는 자신의 독창적인 주장과 인용한 부분을 명확히 구분해서 밝혀야 한다. 인용한 자료는 객관적이고 권위 있는 것이어야 하며, 정확하게 평가되어야 하고, 주석을 통하여 출처를 분명하게 밝혀야 한다.

다음 이경훈의 논문 「『무정』의 패션」(『민족문학사연구』 18, 2001. 6)의 일부를 읽고 인용의 방법에 대해서 정리해 보자.

주지하듯이 『무정』은 아래와 같은 기념비적인 장면으로 시작된다. 즉 춘원은 다음 장면의 기술을 통해, 근대적 교육 제도와 시간 규율, 더 나아가 기독교까지를 단 한 문장에 언급하고 있다.

> 경셩학교 영어교ᄉ 리형식은 오후 두시 ᄉ년급 영어 시간을 마초고 나려쪼이는 류월볏체 ᄯᆷ흘리면서 안동 김쟝로의 집으로 간다.[1]

…… 오후 두 시에 '사년급 영어 시간'을 끝마친 뒤, 오후 세 시의 가정 교사 수업을 위해 김 장로의 집으로 가는 형식이의 행위 역시 그 무엇보다도 근대적으로 분절·구획된 시간 계획 위에 있는 것이기 때문이다. …… 차가움은 대상과의 이러한 거리, 대상을 타자화하는 유리 저쪽 시선의 냉정한 객관성에서도 유래한다. …… 대상에 대한 완전한 시각적 전유(專有)로 귀결될 것이다.[2] 이같이 대상은 유리 저쪽으로 건너갈 수 없을 뿐만 아니

라 자신을 감출 수도 없다. 반면에 시선은 대상과 접촉하거나 동화됨이 없이 오직 냉정하게 관찰하기만 할 수 있을 것이다. …… 서술 주체와 대상의 단절을 표현하는 '했다'('았')야말로 '무정한 눈', 즉 유리 앞에 선 시점이기 때문이다. 그것은 한국 소설의 창틀에 끼워진 근대적 유리였던 것이다. …… 우리는 봉건적인 '남녀칠세부동석'과는 또 다른 근대적 '부동석(不同席)'을 발견하게 될 것이다. 이제 모든 개별자들은 서로에 대해 항상 '유리=았'의 저쪽에 존재한다. 이는 근대적 주체의 구조이다. 따라서 이제 "영혼 속에 타오르는 불꽃은 별들이 발하고 있는 빛과 본질적으로 동일"[3]하지 않다. 형식이의 가슴 속 '불길'과 '나려쏘이는 류월볏'이 전혀 다른 뜨거움이었듯이 말이다.

---

1) 春園, 『無情』, 新文館, 1918, 1쪽.

2) 발터 벤야민, 반성완 역, 『발터 벤야민의 문예이론』, 민음사, 1983, 220쪽 참조.

3) 게오르그 루카치, 반성완 역, 『소설의 이론』, 심설당, 1985, 29쪽.

인용의 방법은 직접 인용과 간접 인용으로 나눈다. 논문을 작성할 때 원문의 표현을 그대로 옮겨야 할 경우 직접 인용을 한다. 단어나 핵심어구, 3행 이내의 짧은 문장을 인용할 때에는 본문 안에서 큰 따옴표(“ ”)를 사용하여 표시해 준다. 그 이상의 글을 길게 인용할 때에는 새로운 단락을 만들어 위아래로 한 행을 띄고, 본문보다 안으로 들여 쓴다. 직접 인용의 경우에는 주석을 달아 출전을 정확하게 밝힌다. 간접 인용은 필자의 용어로 바꾸어 인용하는 방법인데, 원문의 본래 의미가 훼손되지 않도록 주의해야 한다. 간접 인용도 주석을 달아 출처를 명확히 밝힌다.

주석(註釋): 주석은 다른 연구자의 글을 인용하거나 혹은 그 글에서 필요한 정보를 얻게 되었을 경우, 인용문이나 정보의 출처를 밝히기 위한 것이다. 또한 본문의 내용을 보충하거나 부연 설명을 제시하고자 할 때에도 주석을 달 수 있다. 주석은 출전주와 참조주, 내용주가 있다. 출전주는 연구자가 논문에 기술한 문헌이 다른 연구자의 문헌을 직간접적으로 인용하거나 참조할 때 출처를 밝히는 것이다. 참조주는 논문의 내용과 관련 있는 참고 자료를 소개하는 것이다. 내용주는 논문의 내용에 대한 해석이나 부연 설명 따위를 덧붙이는 것이다.

이광호의 논문「이광수 소설의 '시선 주체'와 문학사적 의미」(『한국문예창작』 25, 2012. 8)의 일부를 정리한 다음 부분을 읽고 주석의 처리 방식에 대해서 정리해 보자.

> 여성을 어떻게 대하고 어떻게 쳐다볼 것인가 하는 것은 이형식의 캐릭터를 설명하는데 결정적인 부분이며, 이 소설에서 '여성이라는 대상'에 대한 시선이 심층적 주제를 이루고 있음을 암시한다고 볼 수 있다.
>
> > "천만의 말씀이올시다"하고 형식은 잠깐 고개를 들어 부인을 보는 듯 선형을 보았다. …… 깃 좁은 가는 모시 적삼으로 혈색 좋은 고운 살이 몽롱하게 비치며 무릎 위에 걸어놓은 두 손은 옥으로 깎은 듯 불빛에 대면 투명할 듯하다.[1]
>
> 이형식의 시선에 의해서 처음으로 선형을 훔쳐보는 이 장면의 묘사는, 남성적 시선 주체가 어떻게 구성되는가를 부여주는 문제적인 장면이다. …… 미디어에서 여성은 남성 욕망을 위한 시각적인 소비의 대상이며, 여성들은 대상화된 자신의 이미지를 소비하는 모호한 자리에 놓인다.[2] 문제는 이런 남성 관음자로서의 시선 주체의 탄생이 모더니티의 문제와 연루되어 있다는 것이다.

……

더구나 그 이야기 할 때에 하얀 이빨이 반작반작하는 것과 탄식할 때에 잠깐 몸을 틀며 보일 듯 말 듯 양미간을 찡그리는 것이 못 견디리만큼 어여뻤다. …… 영채의 얼굴은 잠시도 한 모양이 아니요 마치 엷은 안개가 그 앞으로 휙휙휙 지나가는 모양으로 얼굴과 빛과 눈찌가 늘 변하였다.[3]

남성 시선 주체가 선형과 영채의 이미지를 비교하는 장면은 『무정』에서 여러 차례에 걸쳐 나타난다. …… 영채에 대한 감정적 동요의 낙차가 큰 것은 영채의 외모 때문이기도 하지만, 장로의 딸인 선형과는 달리4) 영채는 은인의 딸이자 온갖 고초를 겪은 기생 신분이라는 이중성을 갖기 때문에 섹슈얼리티의 측면에서 보다 복잡한 요소들을 포함하고 있기 때문이다.[5] 영채의 불안전한 순결성과 압도적인 육체의 매력을 둘러싼 형식의 갈등은 그의 이상주의적 연애관의 모순과 허구성을 드러내는 결정적인 요인이 된다.[6]

---

1) 이광수, 김철 편, 『무정』, 문학과지성사, 2005, 18~19쪽.

2) 여성의 이미지는 남성의 타자로서 남성의 욕망을 구현하거나 남성의 결핍된 존재로서 만들어진다. 남성의 시선은 거리를 두고 관찰하며 쾌락을 취하는 관음증으로 특징지워지며, 여성의 시선은 갇혀진 채로 이미지와 동일시하거나 이미지의 반사 속에서 쾌락을 발견

하는 나르시시스적인 것이 된다. 수잔나 D. 월터스, 김현미 외 역, 『이미지와 현실 사이의 여성들』, 또하나의문화, 1999; 아네트 쿤, 이형식 역, 『이미지의 힘 - 영상과 섹슈얼리티』, 동문선, 2001, 참조.

3) 이광수, 앞의 책, 70~71쪽.

4) 선형에 대한 형식이라는 남성 주체의 시선은 그 순결성에 대한 이중적 태도와 연관된다. "그러나 선형은 아직 사람이 되지 못하였다. 선형의 속에 있는 '사람'은 아직 깨지 못하였다. 이 '사람'이 깨어볼까 말까는 하나님밖에 아는 이가 없다. 이러한 것을 '순결하다'고도 할지요, '청정하다' 하면 '청정하다'고도 할지나 그러나 이는 결코 '사람'이 아니요 다만 '사람'이 되려 하는 재료니 마치 장차 조각물이 되려 하는 대리석과 같다." 위의 책, 109쪽.

5) 이 소설의 섹슈얼리티와 관련하여 감각적인 묘사는 영채와 선형의 신체에 대한 남성 관음자의 시선 주체에 의해 이루어지지만, 성적 행위와 관련된 감각적인 묘사는 여성들 사이의 동성애적인 장면에서 이루어진다는 것은 흥미롭다. "영채는 부끄러운 듯이 낯을 월화의 가슴에 비비고 월화의 허연 젖꼭지를 물려 "형님이니 그렇지" 하였다." 위의 책, 128쪽. "월화는 숨소리 편안하게 잠이 든 영채의 얼굴을 보고 있다가 힘껏 영채의 입술을 빨았다. 영채는 잠이 깨지 아니한 채로 고운 팔로 월화의 목을 꼭 쓸어안았다. 월화의 몸은 벌벌 떨린다." 위의 책, 136쪽.

6) 이 점에 대해서는 김지영의 논문이 잘 분석하고 있다. "영채의 육체와 순결성에 대한 형식의 집요한 관심과, 영채-선형 사이의 갈등을 해결할 수 없는 형식의 감정은 작가가 지닌 이념적 인식틀의 고정화 작용에 저항하면서 정형화된 이념틀 위에 틈새적인 공간을 형성하는 것이다. 영채의 육체와 순결성에 대한 형식의 관점과 정신적 이해에 '우선' 하는 감정의 변화들은, 영육일치를 주장하면서 육적 만족보다는 영적 요구의 우선성을 강조했던 춘원의 이론적 연애론을 공격한다." 김지영, 「『무정』에 나타난 '사랑'과 '주체'의 근대성」, 『한국문학이론과 비평』 26, 2005. 3, 105쪽.

■ 단행본

→ 기본형식 : 필자명, 제목, 출판 사항(판수, (발행지), 출판사, 발행년도), 참조 쪽수.

① 처음 등장하는 단행본

저서 ㉔ 김윤식, 『이광수와 그의 시대』, 한길사, 1986, 528쪽.

편서 ㉔ 박헌호 편, 『센티멘탈 이광수』, 소명출판, 2013, 46~57쪽.

번역서 ㉔ 테드 휴즈, 나병철 역, 『냉전시대 한국의 문학과 영화』, 소명출판, 2013, 26~27쪽.

외국서 ㉔ R. Wellek, A. Warren, *Theory of Literature*, New York: Hartcourt, Brace & World, 1949, p.30.

② 같은 단행본을 여러 번 인용할 경우

→ 바로 앞에서 인용한 자료를 다시 인용한 경우에는 중복되는 항목은 줄여서 표기한다.

→ 위의 책 / *ibid.*('ibidem(in the same place)'의 약자)

㉮ 김윤식, 『이광수와 그의 시대』, 한길사, 1986, 528쪽.

위의 책, 533~537쪽.

㉮ R. Wellek, A. Warren, *Theory of Litera- ture*, New York: Hartcourt, Brace & World, 1949, pp.30~32.

Ibid., p.63.

→ 앞에서 인용한 자료를 다시 인용할 때 경우

→ 앞의 책 / *op. cit.*('opere citato(in the work cited)'의 약자)

㉮ 김윤식, 『이광수와 그의 시대』, 한길사, 1986, 533쪽.

박헌호 편, 『센티멘탈 이광수』, 소명출판, 2013, 78쪽.

김윤식, 앞의 책, 573~575쪽.

㉮ R. Wellek, A. Warren, *Theory of Literature*, New York: Hartcourt, Brace & World, 1949, pp.30~32.

T. Eagleton, *Literary Theory: An Introduction*, Oxford: Basil Blackwell Publisher, 1983, p.27.

R. Wellek, A. Warren, *op. cit.*, p.63.

■ 논문

→ 기본형식 : 필자명, 논문 제목, 단행본(또는 간행물) 이름 권수와 호수, 발행년도, 계절 또는 월(月)명, 참조 쪽수.

① 처음 등장하는 논문

• 학술지

㉠ 서영채, 「이광수, 근대성의 윤리」, 『한국근대문학연구』 19, 2009. 4, 147쪽.

• 일반단행본

㉠ 신형기, 「남북한 문학과 '정치의 심미화'」, 김철 · 신형기 외, 『문학 속의 파시즘』, 삼인, 2001, 326~327쪽.

② 같은 논문을 여러 번 인용할 경우

→ 저서의 경우와 제시 방식이 동일하다.

■ 기타 자료

편지, 소감문이나 라디오, 텔레비전 프로그램, 영화, 음반, 게임, 컴퓨터 통신망에서 얻은 자료들을 인용할 때에도 출처를 밝힌다.

㉳ 이상, 「사신 10 — 계씨 김운경에게 보낸 엽서」, 1937. 2. 8.

㉳ 김대중, 「노벨상 수상 소감문」, 2000. 10. 13.

㉳ 김민기 연출, 「지하철 1호선」, 설경구 · 권형준 · 서지영 · 김학준 출연, 학전 블루, 2001.

㉳ 임순례 감독, 「와이키키 브라더스」, 류승범 · 오지혜 · 김영수 주연, 명필름, 2001.

㉳ 이경규, 「이광수의 무정 : 삼랑진 음악회」, 『매일신문』, 2024. 2. 26.

(https://www.imaeil.com/page/view/2024022609271252229 검색일: 2024. 9. 20.)

(4) 보고서 작성의 윤리

학술 보고서를 작성할 때 지켜야 할 원칙은 ① 다른 필자의 글에서 생각이나 용어, 단어, 문장 등을 도움을 받았을 때에는 그 출처를 밝혀야 하며, ② 다른 필자의 글의 단어나 문장, 문단 등을 사용할 때에도 그것들을 정확하게 인용하고 출처도 제시해야 하며, ③ 다른 필자의 단어나 문장을 바꿔 인용할 때에도 반드시 출처를 밝혀야 한다. 또한 학술 보고서에서는 ④ 다른 필자의 글을 본인의 글처럼 사용해서도 안 되며, ⑤ 동일한 보고서를 서로 다른 강좌에 제출해서도 안 된다. 끝으로 ⑥ 보고서는 사지도 말고, 팔지도 말아야 한다. 반드시 보고서는 본인 스스로 작성해야 한다. 이를 지키지 않을 경우에는 비윤리적 행위인 표절이 된다.

참고 문헌

글쓰기교재편찬위원회, 『창조적 글쓰기』, 쿠북, 2009.

김경훤(외), 『창조적 사고 개성적 글쓰기』, 성균관대학교출판부, 2006.

김동훈, 『영상 매체와 문학 교육』, 컬처라인, 2003.

김민웅, 『콜럼버스의 달걀에 대한 문명사적 반론』, 당대, 1996.

김상근, 『인문학으로 창조하라』, 멘토, 2013.

김상환, 『철학과 인문적 상상력』, 문학과지성사, 2012.

김성수, 『프랑켄슈타인의 글쓰기』, 글누림, 2009.

김세영, 『모나리자 가격은 얼마인가?』, 매일경제신문사, 2013.

김연수, 『청춘의 문장들』, 마음산책, 2022.

김은하(외), 『과학기술 글쓰기』, 쿠북, 2016.

________, 『인문사회 글쓰기』, 쿠북, 2016.

김탁환, 『천년습작』, 살림, 2009.

덕성여자대학교 교양학부 교재편찬위원회, 『학술적 글쓰기의 원리와 실제』, 월인, 2012.

데이비드 시버리, 김정한(역), 『나는 뻔뻔하게 살기로 했다』, 홍익출판사, 2017.

로버트 맥기, 고영범 · 이승민(역), 『STORY』, 민음인, 2002.

리처드 도킨스, 홍영남 · 이상임(역), 『이기적 유전자』, 을유문화사, 2010.
마사 누스바움, 우석영(역), 『학교는 시장이 아니다』, 궁리, 2011
마이클 티어노, 김윤철(역), 『스토리텔링의 비밀』, 아우라, 2008.
매리 앤 스타니스제프스키, 박이소(역), 『이것은 미술이 아니다』, 현실문화연구, 2011.
몽테뉴, 정영훈(편), 안해린(역), 『몽테뉴의 수상록』, 메이트북스, 2015.
문태준, 『가재미』, 문학과지성사, 2006
박가분, 「걸그룹은 연애도 허락받아야 하나 … 극성팬덤에 기댄 K팝」, 『중앙일보』, 2024. 3. 13.
방현석, 『소설의 길 영화의 길』, 실천문학사, 2003.
바스와바 쉼보르스카, 최성은(역), 『끝과 시작』, 문학과지성사, 2016.
샌프란시스코 작가집단 GROTTO, 라이언(역), 『글쓰기 좋은 질문 642』, 큐리어스, 2013.
서영채, 「이광수, 근대성의 윤리」, 『한국근대문학연구』 19, 2009. 4.
서정주, 『동천』, 민중서관, 1968.
송태인, 『스토리텔링 인문학』, 미디어숲, 2014.
송형국, 「매끈한 것들, '범죄도시 현상'에 대한 소고」, 『씨네21』 1455호, 2024. 5. 14.

신승환, 『지금 여기의 인문학』, 후마니타스, 2010.
심보선, 『슬픔이 없는 십오 초』, 문학과지성사, 2008
안도현, 『가슴으로도 쓰고 손끝으로도 써라』, 한겨레출판, 2009.
애나 메리 로버트슨 모지스, 류승경(편역), 『인생에서 너무 늦은 때란 없습니다』, 수오서재, 2017.
앤서니 웨스턴, 이보경(역), 『논증의 기술』, 필맥, 2004.
에이브러햄 매슬로, 소슬기(역), 『매슬로의 동기이론』, 유엑스리뷰, 2018.
오태민, 『인문학적 상상력』, 케이디북스, 2012.
윌리엄 진서, 이한중(역), 『글쓰기 생각쓰기』, 돌베개, 2007.
윌리엄 케인, 김민수(역), 『거장처럼 써라』, 이론과실천, 2011,
유시민, 『유시민의 글쓰기 특강』, 생각의길, 2015.
______, 『청춘의 독서』, 웅진지식하우스, 2009.
유영만, 『상상하여? 창조하라!』, 위즈덤하우스, 2008.
윤석훈, 『종소리 저편』, 서정시학, 2015.
윤홍균, 『자존감 수업』, 심플라이프, 2016.
이광수, 『무정』, 문학과지성사, 2005.
이광호, 「이광수 소설의 '시선 주체'와 문학사적 의미」, 『한국문예창작』 25, 2012. 8.
이만교, 『개구리를 위한 글쓰기 공작소』, 그린비, 2012.
______, 『나를 바꾸는 글쓰기 공작소』, 그린비, 2009.
이명재 · 오창은, 『문학비평의 이해와 활용』, 경진, 2009.

이상임(외), 『상상과 창조의 글쓰기』, 경희대학교 출판문화원, 2010.
이솝, 유종호(역), 『이솝 우화집』, 민음사, 2013.
이외수, 『글쓰기의 공중부양』, 해냄, 2006.
______, 『하악하악』, 해냄, 2008.
이운룡, 『시창작 이론과 실제』, 신아출판사, 1994.
이지성, 『생각하는 인문학』, 차이, 2015.
이지엽, 『현대시 창작 강의』, 고요아침, 2005.
장영희, 『문학의 숲을 거닐다』, 샘터, 2005.
전상국, 『소설 창작 강의』, 문학사상사, 1991.
정문성, 『토의 · 토론 수업방법 84』, 교육과학사, 2017.
정희모 · 이재성, 『글쓰기의 전략』, 들녘, 2005.
조승연, 『이야기 인문학』, 김영사, 2013.
조정래, 『스토리텔링 육하원칙』, 지식의 날개, 2010.
조태일, 『알기쉬운 시창작 강의』, 나남출판, 1999.
존 메디나, 서영조(역), 『브레인 룰스』, 프런티어, 2009.
최복현, 『닥치고 써라』, 작은숲, 2013.
최승자, 『이 시대의 사랑』, 문학과지성사, 1981.
최재천(외), 『창의융합 콘서트』, 엘도라도, 2013.
토마스 S. 쿤, 김명자(역), 『과학혁명의 구조』, 동아출판사, 1995.
한국외국어대학교출판부, 『글쓰기의 이론과 실제』, 한국외국어대학교출판부, 2007.

한양대학교 국어교육위원회, 『창조적 사고와 글쓰기』, 한양대학교출판부, 2004.
황농문, 『몰입』, 알에이치코리아, 2007.
황인찬, 『구관조 씻기기』, 민음사, 2012.
황혜진(외), 『창조적 사고와 표현』, 쿠북, 2014.

찾아보기